明治天皇の世界史

六人の皇帝たちの十九世紀

倉山 満
Kurayama Mitsuru

PHP新書

JN230722

まえがき――なぜ今、明治天皇なのか

大帝と呼ばれた皇帝は何人もいる。戦争に勝ち、領土を増やし、自国を大国に押し上げた君主のことである。

明治大帝も、その一人だ。

日本のライバルであるロシアでは、ピョートル（一六七二年―一七二五年）とエカテリーナ（一七二九年―一七九六年）だけが大帝と呼ばれる。ピョートルはモスクワ大公国をロシア帝国に押し上げ、エカテリーナはロシアを大国に押し上げた。

アジアでは、清《しん》の康熙《こうき》（一六五四年―一七二二年）、ムガール帝国のアクバル（一五四二年―一六〇五年）、サファヴィー朝ペルシャのアッバース（一五七一年―一六二九年）、オスマン・トルコのスレイマン（一四九四年―一五六六年）が、大帝と呼ばれる。彼らはいずれも、自国を世界に冠たる大帝国に育て上げた。

近代化とは、西洋がアジアの四大帝国に優越する過程に他ならない。トルコ、ペルシャ、インド、そして清が草刈り場とされた。陸からはロシアが、海からは世界最強の大英帝国が迫ってきた。最後に狙われたのは、極東に浮かぶ小さな島国である、我が日本だった。

しばしば、明治維新は世界史の奇跡と称される。だが、その全体像を描くのは難しい。多くの人が命懸けで戦い、困難を乗り越え、そして死んだ。日本が西洋列強の侵略の魔の手を乗り越える四五年間を通して、政治の中心であった人物はいない。

ただ一人、明治天皇を除いて。

本書は、明治天皇の視点を通じて、幕末から明治末年までの日本の近代を描く。おそらく、最も客観的な視点となるだろう。

徳川慶喜、西郷隆盛、大久保利通、木戸孝允、岩倉具視、大隈重信、伊藤博文、山縣有朋、桂太郎……。時の政権担当者は移り変われど、明治天皇だけは動かない。明治天皇は、決して独裁者ではなかった。しかし、傀儡《かいらい》でもなかった。立憲君主であった。

明治天皇の同時代、多くの皇帝がいた。しかし、今の世界で皇帝（Emperor）とされるのは、日本の天皇だけである。清、ロシア、オーストリア、ドイツなど多くの君主国が消え去り、かの大英帝国からも「Emperor」はいなくなった。しかし、日本だけは残った。

その秘密を解き明かすことが、日本の近代とは、そして明治とは何であったのかを解き明かすことだろう。

明治天皇の世界史を、読者諸氏といっしょに振り返りたい。

平成三十年九月十三日

倉山　満

明治天皇の世界史——六人の皇帝たちの十九世紀

目次

第一章　明治天皇誕生――幕末維新の世界史的状況

第二章　めざすは立憲政体――文明国への道

第三章　絶妙なる日清・日露戦争──躍進する日本

第四章　大国になった日本――そして明治天皇崩御

・引用にあたって、旧字旧かな遣いを新字新かな遣いに改め、一部に振り仮名を施すなどの表記変更を行なった。
・本文中に挿入した写真や絵画は、国立国会図書館、国立公文書館、またWikipedia等のパブリックドメインによった。

序章　皇帝たちの時代——興亡史としての「長い十九世紀」

歴史を語るには相対評価が不可欠である

日本は長いあいだ、ノンキで幸せな国でした。ノンキで幸せでいられたということでもあります。

原始と呼ばれる時代から古代も中世も近世も、「世界史」などという野蛮極まりないゲテモノと関わらずに済んでいたからです。日本人が学校で習う「世界史」など、いってしまえば「ユーラシア大陸での殺し合いの歴史」です。それがいかに野蛮かは、小著『誰も教えてくれない　真実の世界史講義』(ＰＨＰ研究所、二〇一七―一八年)で、ぜひご覧ください。

しかし、そうはいかなくなる時代を迎えます。決定的にそうなったのが、十九世紀です。

一六四八年のウェストファリア条約以降、ヨーロッパは大きく変わりつつありました。最近の西洋史学では一六八八年から一八一五年までを「長い十八世紀」と呼ぶそうです。その約一三〇年のあいだにイギリスは一六八八年の名誉革命で傲慢《ごうまん》この上ない王ジェームズ二世を追い出したり、アメリカ独立戦争には負けたりするなど、試練の連続でした。アメリカ独立戦争に負けた後、イギリスはスウェーデンやデンマーク並みの小国になったといわれることもあります。さすがにそこまで落ちぶれたといえばいいすぎですが、もがきつづけたのは事実です。

それがかえって、大国への道となりました。イギリスの大国への道の前半戦は「苦闘の十八世紀」です。日本にもそうした、はるか海の向こうの変化の波が届こうとしていました。

そして迎える十九世紀。イギリス史では「長い十九世紀」と表現することがあります。一般的な意味での十九世紀（一八〇一年から一九〇〇年までの一〇〇年間）の捉えかたとは異なり、歴史をどう見るかという歴史観が反映された言葉です。いつからいつまでを「長い十九世紀」とするかは人によって微妙に違っているようです。ここでは、西暦一八一五年から一九一四年までを「長い十九世紀」とする説に則ることにします。

一八一五年と一九一四年には何があったでしょうか。

一八一五年はウィーン会議後のウィーン体制が始まった年です。ウィーン会議は、フランス革命とナポレオン戦争で失われたそれまでのヨーロッパの秩序を取り戻そうと行われました。つまりは王政を復活させようというわけです。会議がなかなか進まない様子を評した「会議は踊る、されど進まず」という言葉はあまりにも有名です。ウィーン会議の模様を描いたオペレッタ映画『会議は踊る』（一九三一年、日本初公開は一九三四年）は日本でも大ヒットしました。そして、一九一四年は第一次世界大戦が起きた年です。

「長い十九世紀」はイギリスにとって黄金期です。イギリスが露墺普三国と組み、フランスのナポレオンを倒したのが一八一五年。それから、第一次世界大戦が勃発する一九一四年までの約百年のあいだに、大英帝国として真に大国となっていきました。

我が国日本でいえば、明治時代（一八六八年―一九一二年）が「長い十九世紀」にすっかり重なります。明治という時代は日本が幕末を乗り切り、維新を断行し、大日本帝国として世界史に躍り出るや、大国へと向かった時代です。

歴史を語るには相対評価が不可欠です。「長い十九世紀」における日本を明治時代という日本国内のことだけで語ったところで、日本の真の姿は見えてきません。世界と比べて、初めて見えてくるはずです。

この本では、明治天皇と同時代を生きた「皇帝」たちにご登場願って、日本が世界史と関わらざるをえなくなった「長い十九世紀」をつぶさに見ていくことにします。

日、英、墺、独、露、清の六人の「皇帝」たち

「長い十九世紀」の同時代の皇帝として、大日本帝国の明治天皇、大英帝国のヴィクトリア女王、ハプスブルク帝国のフランツ・ヨーゼフ一世、ドイツ帝国のヴィルヘルム二世、ロシ

ヴィクトリア女王(1859年)

明治天皇(1888年)

ヴィルヘルム2世(1890年)

フランツ・ヨーゼフ1世(1910年)

西太后(1905年)

ニコライ2世(1913年)

ア帝国のニコライ二世、大清帝国の西太后《せいたいこう》の六人を取り上げます。

この六人のなかで、清国の西太后はもちろん皇帝ではありません。しかし、実態は皇帝と同様です。西太后は実の息子の同治帝《どうちてい》、実の甥《おい》である光緒帝《こうしょてい》の二人の皇帝の時代に実権を握り、垂簾聴政《すいれんちょうせい》を行っていたからです。

垂簾聴政とは玉座の後ろに垂らした御簾《みす》のなかから、幼い皇帝に代わって皇后や皇太后である女性が摂政政治を行うことをいいます。また、西太后は光緒帝に自分のことを実の父という呼称「親爸爸《チンバーバ》」と呼ばせたり、身の回りの世話をする者には「老仏爺《ラオフオーイエ》」とやはり男性に用いる呼称で呼ばせたりしたようです。そうした点を加藤徹氏は「これは、自分はただの皇太后ではなく、事実上の太上皇《たいじょうこう》（帝位を息子に譲り「上皇」になった前皇帝）として君臨しているのだ、という意思表示である」と指摘しています（加藤徹『西太后』中公新書、二〇〇五年）。皇帝と変わらない存在であると考えるゆえんです。

本書では、六人の皇帝たちがそれぞれ「長い十九世紀」において何を見、何を考え、何をしたのかをとおして十九世紀の世界史に日本を位置づけていきます。

二〇一八年は明治一五〇年。明治天皇も幕末維新も大日本帝国も遠い昔になってしまいました。しかし明治維新は、世界史に残る我が国の金字塔であり、日本の誇りです。今、改めて振り返り、我々のご先祖様が何をしたのか、そして我々に何を残してくれたのかを振り返りたいと思います。

「エンペラー」と「キング」の違いは何か

詳細に入っていく前に、エンペラー、皇帝、キング、王、そして天皇という称号の話をしておきましょう（小著『国際法で読み解く世界史の真実』ＰＨＰ新書、二〇一五年も併せてお読みください）。

天皇は英語で「Emperor（エンペラー）」とされます。日本の天皇はエンペラーなのか、皇帝なのかと問われれば、どう答えればよいのでしょうか。迷います。迷うはずです。どちらも正解でもあり、不正解でもあるからです。なぜそうなるのでしょうか。

エンペラーを皇帝、キングを王と翻訳すれば、なんとなくわかったような気になるかもしれません。しかし、そこが翻訳の落とし穴でもあります。

言葉が意味することを理解するには、時代背景も欠かせません。

エンペラーという言葉はラテン語のインペラトルという「命令権を持つ者」という意味の言葉からきています。インペラトルという言葉が登場するのは紀元前一八九年のローマ帝国

ガイウス・ユリウス・カエサル

にさかのぼります。ガイウス・ユリウス・カエサル（シーザー）がインペラトルという称号を贈られてから死ぬまでそれを使いつづけました。そして、カエサルの養子で初代ローマ皇帝となったオクタビアヌスが皇帝の正式名称にインペラトルを冠しました。ちなみに、カエサルの名から皇帝を意味するカイザー（ドイツ語）、ツァーリ（ロシア語）などの言葉が生まれています。

エンペラーとはエンパイアの長のことです。

エンパイアの最も正確な訳語は「版図」、あるいは「勢力圏」です。エンパイアとは異民族を含む複数の民族《ネイション》、すなわち多民族《ネイション》から成る版図のことです。エンパイアの長であるエンペラーは多民族《ネイション》を前提にして成り立つ概念です。

エンペラーという言葉は、ローマ皇帝の称号となったときに「元老院首席議員」を意味するようになりました。つまり、エンペラーは選挙で選ばれることを前提とするのです。そこには血統に対するこだわりはありません。後世、神聖ローマ帝国のエンペラーは選定侯によって選挙で選ばれました。選定侯とはエンペラーを選ぶ権利、すなわち、選挙権を持つ諸侯のことです。ちなみに、選定侯はたった七人（聖職諸侯三人と世俗諸侯四人）でした。選挙権というのは特権中の特権だったのです。

最初は、エンペラーはローマ帝国にたった一人しか存在しませんでした。

7人の選定侯と皇帝

エンペラーとは、つまり「選挙で選ばれる、一人の多民族《ネイション》の長」だということが前提になっている存在です。

それに対して、キングは単一（同一）ネイションによる国民国家を前提とした概念です。

キング（King）は「kind」などと同じ語源「kin（血縁、血族）」からきていて、血のつながりがある同一ネイションの長、つまり単一ネイションの長を意味するからです。

厳密なことをいいだせばキングも選挙で選ばれることもありますが、キングはそれを前提としているわけではありません。また、キングはエンペラーと違って複数が存在し得ます。ヨーロッパではエンペラーのほうがキングよりも格上であり、キングはエンペラーよりも格下であるという一定の理解があります。なぜそうなるのか。

キングは単一ネイションの長です。単一ネイションが複数集まってエンパイアが形成されます。その複数のネイションを束ねるのがエンペラーです。エンパイアはエンペラーが束ねるので、キングがいてもいなくても成り立ちます。以上のようなことから、エンペラーはキングより格上だという理解につながるのでしょう。

では、「皇帝」と「王」の違いは何か

次に、皇帝と王です。この二つがどのような存在なのかを見ておきましょう。

秦の王・政《せい》がチャイナの戦国時代を統一して、始皇帝を名乗ったのが皇帝の始まりです。秦の始皇帝です。始皇帝といういいかたそのものが、それを説明しています。

チャイナの神話（まったくもって史実ではない）では、三人の皇《すめらぎ》と五人の帝がいたことになっています。その八人を「三皇五帝《さんこうごてい》」と呼び、チャイナの理想とする王を意味します。秦

の王・政がチャイナ大陸を統一したときに、「三皇五帝」の話を踏まえたうえで王よりも偉いという意味を込めて「皇帝」と称しました。

決して、皇帝＝エンペラーではありません。むしろ、まったく違う存在です。皇帝をエンペラーの訳語としたのが、そもそも誤りです。

さて、今度は王です。実は「王」という言葉には異なる二種類の意味があります。一つはチャイナの皇帝との関係での「王」、もう一つは日本語における意味での「王」です。

まずはチャイナの「皇帝」との関係で「王」を押さえます。

始皇帝も、皇帝を名乗る前は王でした。王の上にいる者という意味を込めて皇帝としたわけですから、当然、チャイナの王とは皇帝の下の者のことです。皇帝との血のつながりはあってもなくても関係ありません。チャイナの王朝では、父である皇帝が息子たちを王として地方を治めさせたり、血のつながりのない有力武将などを王として冊封《さくほう》したりします。そうした皇帝と王の関係がわかれば、朝鮮国王という存在は中華帝国の有力武将と同じ程度だということがおのずと見えてくるというものです。

次に、日本語における「王」の意味を確認しましょう。

日本語として漢字で「王」と表現した場合には二つの意味があります。一つは先ほど見た、皇帝の下の者というチャイナでの定義と同じ意味です。

もう一つは、覇道（武力による政治）に対する王道（徳による政《まつりごと》）、覇者（武力でのしあがった者）に対する王者（徳をもって治める者）、という意味で使われる「王」という意味です。

「王」と表現している場合、どちらの意味なのかが問われます。同じ字を使い、見かけは同じ単語でも、皇帝の下の「王」と覇者に対する「王」とではまったく意味が異なるからです。

「天皇」はエンペラー、キング、皇帝、王のどれか？

ひととおり、エンペラー、キング、皇帝、王、それぞれの意味を押さえたところで、改めて、「天皇」という言葉の意味を考えてみます。

日本の天皇はエンペラーなのかキングなのかといえば、キングです。エンペラーではありません。日本国民という同一民族《ネイション》の長だからです（かなり難しい議論なので、小著『世界の歴史はウソばかり　倉山満の国民国家論』ビジネス社、二〇一八年もご参照ください）。

そして、王者の意味としての王でもあります。

「公地公民」を「王土王民」ともいい、皇室のことを「王家」といった例があることからも、「王」だということがわかります。

では、天皇は王だから皇帝の下の者なのかというと、それはまったく違います。どこかの王のように中華皇帝の子分ではありません。古代、推古天皇が小野妹子《おののいもこ》を大使として隋に派遣したときに、隋の皇帝に対する訪問の挨拶で「私、天皇。あなた、皇帝」（「東天皇《ひむがしのてんわう》、敬《つつし》みて西皇帝《にしのくわうてい》に白《まを》す。」原文引用は小島憲之他校注訳『日本書紀②』小学館、一九九六年）と対等関係であることを述べていることにも、はっきりと現れています。

しかし、「王」と名乗っていると、中華皇帝の下にいるのかと思われてしまう恐れが大です。そうした勘違い、あるいは悪意に満ちた解釈を招かないためにも日本の天皇は皇帝なのか王なのかと問われれば、「皇帝です」となるわけです。

また、十九世紀には世界で「皇帝のインフレ」が起きていて、なかには、ぽっと出の成り上がりがエンペラーを名乗ってしまっている場合がありました。そのような状況のなかで天皇を「キング」としてしまうと、インフレ皇帝らの格下に思われるのも心外でした。

こうした背景があって、天皇の意味するところは「王」であって「皇帝」ではないのだけれど、「王」や「king（キング）」は使わず、「皇帝」としました。そして、その「皇帝」の定訳を「emperor（エンペラー）」にしたのです。

日本の天皇は中華皇帝とも、ヨーロッパのエンペラーともまったく性質が異なる存在です。しかし、外国との交際、すなわち外交のために対外的にはエンペラー・皇帝の称号を使い、現在に至っています。天皇号に、対外的には「エンペラー」が使われているといいました。ならば、日本語では「天皇」号だけが使われるのかと思いきや、日本語の表記でも「皇帝」を使うことがありました。具体例を挙げます。

明治天皇をはじめとする歴代大日本帝国の天皇は宣戦布告を四回行っています。そのうち三回は称号として「皇帝」を使い、「天皇」を使ったのは一回だけでした。

日清戦争の宣戦詔書（明治二十七年八月一日）では「大日本帝国皇帝」（傍線は著者。以下同様）、日露戦争の宣戦詔書（明治三十七年二月十日）では「大日本国皇帝」（〝帝国〟ではなく〝大日本国〟となっています）、ドイツに対する開戦の詔勅（大正三年八月二十三日）では「大日本帝国皇帝」、これら三回は「皇帝」が使われています。

ところが、昭和になってからの大東亜戦争宣戦の詔勅（昭和十六年十二月八日）では「大日本帝国天皇」となっています（島善高《よしたか》『律令制から立憲制へ』成文堂、二〇〇九年。なお、明治以降の天皇の称号に関しての詳細は、島善高氏が同書に記しています）。

エンペラー、皇帝、キング、王の称号には、日本の天皇の内政での位置づけ、中華皇帝の内政での位置づけ、エンペラーのそれぞれの国での位置づけ、そして対外関係での位置づけなどが複雑に影響しているのです。

皇帝のインフレ——イギリス国王でさえ皇帝就任は一八七七年

称号の事情が少し見えてきたところで「長い十九世紀」を見渡すと、なんと、「皇帝のインフレ」が起きていました。ただし、この項でいう「皇帝」は先に説明した厳密な意味での皇帝ではありません。エンペラーを皇帝と訳した感覚の「皇帝」を使っていると思ってください。

古代ローマ帝国に一人しかいなかった皇帝が、一八一五年にナポレオン戦争が終わってみると皇帝がここにもそこにもあそこにもいるという状態です。もちろん、一八一五年に一気に皇帝が増えたわけではありません。

皇帝のインフレに至るまでを大きな流れで確認しておきます。

オクタビアヌスが初代ローマ帝国の皇帝になったのは紀元前二七年です。それから三九五年にローマ帝国が東西分裂するまでは、皇帝はローマ皇帝ただ一人でした。

三九五年以降、東ローマ帝国と西ローマ帝国にそれぞれ皇帝がいて、皇帝はすでに二人になっています。その後、東ローマ皇帝のほうは紆余曲折の末にロシア皇帝が名乗ることになり、西ローマ皇帝のほうを神聖ローマ皇帝が継ぎ、皇帝が二人いる状態は十八世紀のナポレオン戦争のときまで続きました。

ローマ帝国の分裂からナポレオンの登場まで、およそ一四〇〇年間は皇帝が二人いて、あとは皆、キングもしくはクイーンという状態だったわけです。時々、ブルガリアが皇帝を名乗ったりしましたが、一時的な例外です。

その状況を大きく変えたのが、ナポレオンでした。

ナポレオンによって、神聖ローマ皇帝だったフランツ二世が退位させられ、神聖ローマ帝国ごとお取り潰しの憂き目に遭います。ところが、ナポレオンは退位させたフランツ二世にオーストリア帝国を作らせ、フランツ二世を皇帝に就けました。フランツ二世はオーストリア皇帝となって、フランツ一世を名乗ります。皇帝の数の増減だけを見ればプラスマイナスゼロですから、皇帝は二人のままです。

このあと、ナポレオン自身が皇帝になってしまいます。フランス共和国の皇帝です。皇帝が一人増え、皇帝は合計三人になりました。もっとも、ナポレオンは皇帝にはなったとはいうものの、ずっと皇帝でありつづけたわけではなく、泡沫《うたかた》よろしく浮かんでは消えした皇帝

ジャック=ルイ・ダヴィッド画「ナポレオン1世の戴冠式」。ナポレオンが自ら皇后ジョセフィーヌに冠を授ける場面

です。

ドイツにも皇帝が誕生しました。ドイツ皇帝誕生の事情の詳細は後述するとして、ここではとりあえず概略を押さえておきます。

ドイツと呼ばれる地方にはプロイセン、ザクセン、バイエルン、そのほかあまたの諸侯がいてバラバラでした。それを一つにまとめようとオーストリアとプロイセンが戦いました。プロイセンが勝ち、諸侯をまとめてドイツ帝国が誕生します。勝ったプロイセン国王がほかの王を束ねます。王を束ねるのはエンペラーですから、プロイセン国王がドイツ皇帝を兼任しました。これで皇帝は四人です。

ナポレオン（一世）や彼の甥であるナポレオン三世が皇帝になるものの途中で消えますか

ヴィクトリア女王にイギリスの王冠とインドの皇帝冠の交換を申し出るディズレーリの風刺画（1876年）

ら、皇帝はオーストリア、ロシア、ドイツの実質三人です。

そこへ「皇帝」として新たに加わったのがヴィクトリア女王です。一八五八年にイギリスはインドのムガール帝国を滅ぼし、イギリス領インドを成立させます。そして一八七七年にインド帝国が成立するとヴィクトリア女王がインド皇帝を兼ねました。

インド皇帝の地位は、ときのイギリス首相ディズレーリからヴィクトリア女王へのプレゼントみたいなものでした。当時、最愛の夫アルバート公を亡くしてヴィクトリア女王が寂しそうだったので、ディズレーリ首相が女王を喜ばせようと「こんなものが落ちていたので」とインド皇帝の冠を贈ったのです。「落ちていた」というけれど、落とさせたのはどこの誰だか……。

イギリスの君主でさえ、エンペラーになったのは一八七七年でのことでした。

インドの皇帝（パーディシャー）をエンペラーとして数えるのであれば、ペルシャ、オスマン・トルコ、中華、エチオピアなどの君主たちもエンペラーではないかということになり、エンペラーは一人であるという前提が崩れ、かくして「皇帝のインフレ」が出来《しゅったい》したというわけです。もちろん、日本の天皇もエンペラーだとされました。

ブルガリア皇帝なども一応、皇帝は皇帝です。かつてブルガリアの最盛期を作った王シメオン一世（在位八九三年—九二七年）などはいきなりビザンチン帝国（＝東ローマ帝国）の都コンスタンチノープルに乗り込んでいって勝手に自分で皇帝を名乗り、名刺代わりに戴冠式を行いました（詳細は小著『世界大戦と危険な半島』KKベストセラーズ、二〇一五年を参照してください）。そんなシメオン一世の伝統を持つブルガリアも皇帝を名乗ることとなります。

もう一度、皇帝とされた君主を数えてみると、オーストリア、ロシア、ほんの一瞬フランス、ドイツ、イギリス（インド）、ペルシャ、トルコ、清、日本、エチオピア、ベトナムもそうです。一番多くいるときで一一人くらいでしょうか。これはやはり「皇帝のインフレ」といわざるをえない。そういえば、大韓皇帝もいました。まさに悪性インフレです。

日本人になじみのない「兼任」感覚

西欧国際秩序が全世界に広がっていったことが「皇帝のインフレ」をもたらしたようです。西欧の物差しを使って世界を見ると「〇〇国だって、△△国だって皇帝ではないか」というような調子で認定されていったからです。

「皇帝のインフレ」がその後どうなったかを見る前に、一国の君主がほかでも君主を兼任することについてもう少し触れておきましょう。「兼任」の感覚に慣れてほしいのです。

ヴィクトリア女王がインド皇帝を兼任したというのは先ほど記したとおりです。ほかの君主の兼任の例を挙げると、たとえば、神聖ローマ帝国の皇帝になったハプスブルク家当主の多くはハンガリー王やボヘミア王を兼ねています。おまけに、「〇〇伯」といった平貴族の爵位まで兼ねていたりもします。

このように君主の兼任という、ヨーロッパではごく当たり前になされることが、日本にとってはいま一つわかりにくいものになっています。それを物語るエピソードがあります。日露戦争のときのことです。日本はロシア皇帝の肩書きのあまりの多さ（七〇ぐらいあったとか）に、それらを全部征服したと思い驚愕したとか。考えてみると、それは無理のないことです。

日本は、かつての韓国併合の際でさえ兼任の意味がわかっていなかったとしか思えません。わかっていれば、もう少しうまくやれたはずです。

兼任するという感覚がわかれば、ヨーロッパのことが見えてきます。

皇帝はインフレから「ハイパーデフレ」へ

さて、「皇帝のインフレ」はその後どうなったでしょうか。

「皇帝」と呼ばれたなかで、二十一世紀の現在でもエンペラーとして残っているのは日本の天皇だけになりました。インフレが収まったどころか、エンペラーたちは軒並み姿を消したのです。むしろ「皇帝のハイパーデフレ」です。

現在のイギリスの君主エリザベス二世もインド皇帝は兼ねておらず、クイーンに戻っています。イギリスの君主が実質的に皇帝でなくなったのは一九三一年です。一九三一年のウエストミンスター憲章で植民地だったカナダやオーストラリアが独立国になり、イギリスの君主は帝国の皇帝ではなく、英連邦の盟主であるという関係に変わっていったからです。

イギリスの君主が正式に皇帝ではなくなったのが、インド皇帝を正式に辞めた一九四七年、ジョージ六世のときです。ジョージ六世はエリザベス二世の父で、映画『英国王のスピーチ』の主人公として描かれた王です。

天皇を除いてエンペラーたちはいなくなりました。では、皇帝たちの国はどうなったでしょうか。

この本に登場する六人の皇帝の国は、日本とイギリス以外はすべてなくなりました。そして、君主を戴《いただ》かない共和国というまったく違う国になってしまったのです。それも第一次世界大戦が終わってすぐといえる時期までにどんどん消えていきました。

生き残りの鍵は「立憲君主制」

「長い十九世紀」、六つの国のいずれもが君主国でした。残った日本とイギリス、消滅したオーストリア、清、プロイセン、ロシア。何が彼我の違いを生んだのか。

生き残りの鍵は立憲君主制です。

立憲君主をより深く理解するためにも、まずは傀儡《かいらい》と立憲君主の違いから押さえておきましょう。

傀儡とは君主に権限があるにもかかわらず、臣下によってそれを行使させてもらえずに臣下のいいなりになることをいいます。

それに対して、立憲君主とは君主が自ら権限を放棄して、臣下に責任をとらせる存在です。

別の角度からいえば、君主の権限を行使しないということを強制されるのが傀儡であり、自発的に行うのが立憲君主だと見ることもできます。

立憲主義の要諦《ようてい》として普通いわれるのは三権分立です。「司法権」「立法権」「行政権」の三権がそれぞれ独立していることです。これら三権を自発的に行使しないのが立憲君主です。

ちなみに、立憲主義を生み出したイギリスのジョン・ロックなどは四権という考えです。四権とは「司法権」「立法権」「行政権」に「外交権」を加えたものを指します。外交権が行政権から独立しているというのは、イギリスでは自然な発想なのです。

「キング・イン・パーラメント」の真の意味

イギリスも初めから立憲主義だったわけではありません。ヘンリー八世（在位一五〇九年—一五四七年）やエリザベス一世（在位一五五八年—一六〇三年）などの治世には、王（女王）

に大権があり絶対君主でした。

大権がどんどん分離していくのがイギリス憲政の発展なのです。どのように分離していったのかの詳細は小著『右も左も誤解だらけの立憲主義』（徳間書店、二〇一七年）にあたっていただくとして、ここではアウトラインを押さえておきます。

最初に分離したのが「司法権」です。王様といえども法律抜きで命や財産を奪ってはいけないということで、王の大権から裁判所が出ていき、司法権が独立しました。

次に独立したのが「立法権」です。これは革命によってなされました。オリバー・クロムウェルが清教徒革命（一六四〇年―一六六〇年）で王様と完全に対立して、ときの王チャールズ一世を処刑してしまいました。イギリスの黒歴史です。いくら横暴な王でも殺してしまったことはさすがに悔やまれました。そこで出てきたのが、王様には「パーラメント」に入ってもらうのがいいだろうという考えです。

その「パーラメント」という概念も日本では混用されているようです。パーラメントを議会、ダイエットを国会と訳しわけてはいますが、真の意味、議会と国会の違いは定着していないようです。

国会とは立法府という意味です。しかし、イギリスではパーラメントをそのようには考えていません。イギリスではつい最近まで、貴族院に最高裁があり司法権と一体化していました。また、選挙で選ばれた衆議院の最高委員会が内閣であるという考え方です。その内閣が実際の行政を行います。つまり、衆議院は行政権と一体化しているのです。

そうした貴族院と衆議院に立法権があることも確かです。そしてその上に権威として君臨するのが王だという考えです。つまり、パーラメントは国王、司法権を持つ貴族院、そして行政権を持つ衆議院の三者の総称なのです。

イギリスでいう議会主権、キング・イン・パーラメントといわれるのはそうしたことを指します。

立憲君主には「警告、激励、被諮問」の三つの権利がある

王は司法権がなくなり、立法権は事実上、貴衆両院に奪われ、行政権は内閣に奪われました。しかし、行政のなかにある「外交」だけは最後まで王のもとに残ります。なぜ残るのかというのがまさにイギリスのウォルター・バジョット（彼もまた「長い十九世紀」の同時代人。政治学者。経済学者）の理論です。

ウォルター・バジョットは君主には「警告、激励、被諮問」の三つの権利があるとしまし

た。

先に書いたように、立憲君主とは君主が自ら権限を放棄して臣下に責任をとらせることですから、司法権は裁判所が、立法権は国会――イギリスの場合は貴族院・衆議院の両院――が、行政権は内閣がそれぞれに責任を取ります。しかし、立憲君主の君主は傀儡ではないので、君主に言論の自由はあると考えたことによります。これが君主に外交権が残った理由です。

君主と臣下が「賢明か愚かか」の組み合わせ

さて、君主に言論の自由というものが残されているということで、君主と臣下が互いに賢明なのか愚かなのかの組み合わせで立憲君主の成否が決まるわけです。以下の四とおりの組み合わせが考えられます。

一、君主と臣下が両方愚かな場合

ヴィルヘルム二世が皇帝のときのドイツ帝国です。君主も愚かなら臣下も愚か。こういう場合、立憲君主が成り立つどころか、国が滅びるのは必至です。でも、両方愚かなのだからしょうがないといっそ諦めもつくというものです。

二、君主も臣下も賢明な場合。

何も問題がなく、立憲君主の組み合わせとして理想的です。明治天皇の明治時代がまさにこの組み合わせでした。

三、君主は賢明なのに臣下が愚かな場合。

立憲君主においては最悪です。そんな最悪の状態も日本は経験しました。昭和天皇の昭和時代です。

四、君主が愚かでも臣下が賢明な場合。

君主のいったことは臣下に採用されないので、これはこれでいいのです。日本では大正天皇のときがこうしたイメージで語られることが多く見受けられます。ただし、その実像については川瀬弘至《ひろゆき》氏の著作『孤高の国母　貞明皇后　知られざる「昭和天皇の母」』（産経新聞出版、二〇一八年）をお読みください。むしろ、イギリスの歴代君主と内閣の関係で説明されるのが常です。

以上、立憲君主制は臣下が愚かだった場合は仕方がないけれども、君主に責任を及ぼさない知恵なのです。そして君主も臣下も賢明ならば、国が栄える優れた制度なのです。

一八五〇年ごろの「五大国」の国力比

さて、西欧国際秩序が世界にじわじわと広がってきたのが「長い十九世紀」です。

明治天皇が生まれる前、一八五一年（嘉永四）までの世界の状況をそれまでに生まれた皇帝三人（ヴィクトリア女王、フランツ・ヨーゼフ一世、西太后）を紹介しながら概観しておきましょう。

このころの「世界」とはヨーロッパのことです。ヨーロッパの大国が即、世界の大国だからです。大国とは「その国の意見を聞かねば話がまとまらない国」のこと、すなわち「発言力のある国」と定義します。アメリカも日本もまだまだ大国ではありません。

世界の大国はイギリス、ロシア、フランス、オーストリア、プロイセンの五カ国です。

一八一五年から一八六四年ぐらいまでの五大国の国力比を数値化してみます。あくまで著者倉山個人の体感としてざっと目安をつけると、英＝七、露＝四、仏＝三、墺＝二、普＝一、という感じです。

イギリスが断トツで一位。圧倒的な強さです。その強さはロシア、オーストリア、プロイセンが束になってかかってやっとイギリスに物申せるぐらいの強さです。ロシアがかなり離された二位で、フランスは三位とはいえ超大国とはいえない地位です。

大国最下位のプロイセンに対してオーストリアは二倍、フランスは三倍、ロシアは四倍ぐらいそれぞれに強いのです。少し先取りすると、プロイセンはビスマルクという宰相が出てくる一八六二年ぐらいまではぶっちぎりの大国最下位に甘んじています。

そうした時代にフランスのタレイランという外交に卓越した手腕を持つ人が、しきりにイギリスに同盟を持ちかけました。ところが、イギリスの外務大臣デビューしたての若きパーマストンが「我が国に同盟など煩わしいものは要らない」と蹴飛ばす次第です。イギリスがどれだけ強かったかがわかるひとことです。

世界中の大国が「かなり濃い親戚関係」

世界中の大国が親戚だというのも「長い十九世紀」の時代背景として見逃せません。それもかなり濃い親戚関係です。

プロイセンのヴィルヘルム二世はヴィクトリア女王の初孫です。そして、そのヴィルヘルム二世はロシアのニコライ二世や、のちの英国王ジョージ五世（ジョージ六世の父）らと従兄弟《いとこ》同士という関係です。ニコライ二世とジョージ五世が並んで撮った写真を見ると、二人は瓜二つです。

ニコライ2世（左）とジョージ5世（右）

さらにニコライ二世の妃はヴィクトリア女王の孫娘です。ここで挙げただけでもヴィクトリア女王が「ヨーロッパの祖母」と呼ばれることに合点がいきます。ヨーロッパ中の王様と親戚だといってもいいすぎではありません。ちなみに、フランスも貴族社会なので親戚だらけです、共和国なのに。

かくして、ヨーロッパの祖母ヴィクトリア女王がいったことには重みがあるというようになっていきます。たとえ、それぞれの国の政府どうしが表面では対立していたとしても、裏ではこのように王室どうしがつながり、決定的な対立をさせないというメカニズムがヨーロッパ全体にはあったのです。

英国の国王（女王）が最後まで外交権を離さなかった理由がわかるでしょうか。これだけの人脈を持つ女王の言葉は重く、大臣も無視しがたかったのです。

歴史に「もし」はないといわれます。しかし、そこをあえて「もし」といいたくなるときがあります。

「長い十九世紀」が終わり、一九一四年、第一次世界大戦が始まったとき、ヴィクトリア女王はとうにこの世にはいませんでした。そのとき、もしヴィクトリア女王が健在だったならば「あなたたち、おやめなさい」のひとことで、「いとこたちの戦争」ともいわれる第一次世界大戦は起こらなかったかもしれないとつい思ってしまいます。

ヴィクトリア女王——四男五女に恵まれ、孫は四〇人

ヴィクトリア女王をもう少し紹介しましょう。

ヴィクトリア女王は六人の皇帝のなかで最も早く生まれました（一八一九年）。亡くなったのは八一歳（一九〇一年）で、フランツ・ヨーゼフ一世・八六歳、ヴィルヘルム二世・八二歳に次ぐ長寿でした。

ヴィクトリア女王とアルバート公と子供たち(1846年)

一三歳で書きはじめた日記は亡くなる三週間ほど前まで続けられました。ヴィクトリア女王の日記はデジタル化され、二〇一二年からウェブサイト"Queen Victoria's Journals" http://www.queenvictoriasjournals.org で公開されています。

一八歳で即位し、女王としての在位期間は六三年七カ月にも及びました。これは日本史上最長の昭和天皇の在位期間をぎりぎり上回ります。

ヴィクトリア女王の在位期間は長らくイギリス史上最長でした。その記録を塗り替えたのは現イギリスの女王エリザベス二世です。エリザベス二世が二〇一五年九月九日に八九歳で在位期間六三年と二一六日で高祖母(祖父母の祖母)

ヴィクトリア女王の記録を更新しました。

ヴィクトリア女王も最初から立憲君主然としていたわけではありませんでした。イギリス憲政もまだ固まっていなかったこともあって、ヴィクトリア女王は政治に介入しています。君塚直隆氏は「イギリス政党政治において立憲君主に必要な条件、それはいずれの党派にも偏らず、公正中立な立場から判断が下せることにある。二〇歳の女王にはそれが明らかに欠けていた」と指摘しています（『ヴィクトリア女王』中公新書、二〇〇七年）。

ヴィクトリア女王が母方のいとこアルベルト（ザクセン＝コーブルク公爵家の次男。結婚後は英語読みでアルバート公）と結婚したのが一八四〇年です。イギリスが清とのアヘン戦争の真っ最中のことでした。

女王とアルバート公の夫婦仲はよく、一七年間の結婚生活で四男五女に恵まれます。そして初孫のヴィルヘルム二世をはじめ孫は四〇人、曾孫は三七人を数えたといいます（石井美樹子『図説イギリスの王室』河出書房新社、二〇〇七年）。

アルバート公という伴侶を得てヴィクトリア女王は君主としても成長していきます。

「私はもうパーマストン外相とは一緒にやっていけません」

しかし、そんなヴィクトリア女王も在位中に外務大臣・内務大臣・総理大臣を務めたパーマストンにはいろいろと手を焼いています。ヴィクトリア女王の発言を無視できるほどの識見と実力があったのは、パーマストンただ一人でした。

パーマストンの女王を無視したような勝手なやり方に、堪忍袋の緒が切れたかのようなことがありました。女王はときのラッセル首相にこう述べたそうです。「私はもうパーマストン外相とは一緒にやっていけません。もはや彼には信頼を置いていません」と（前掲君塚『ヴィクトリア女王』五七頁）。

アヘン戦争当時のパーマストン子爵

『阿片戦争』（一九九七年）という中国映画での一シーンが、そうした二人の関係をなかなか巧《たく》みに描いていました。乗馬から戻り馬を下りたヴィクトリア女王にメルバーン首相が「それと、パーマストンが別のご報告を」（『阿片戦争』

字幕より）と切り出してから、開戦の是非の話になります。誰が実権を握っているかわかるやりとりです。

フランツ・ヨーゼフ一世——ヨーロッパ史上最も勤勉な皇帝の一人

さて、次にオーストリア皇帝フランツ・ヨーゼフ一世を紹介します。

フランツ・ヨーゼフ一世は一八三〇年に生まれ、第一次大戦中の一九一六年に八六歳で天寿をまっとうしています。六人の皇帝のなかでは一番の長寿でした。

フランツ・ヨーゼフ一世の名は、二人の先祖の名前からつけられました。「フランツ」は祖父フランツ二世の名からです。フランツ二世はナポレオンに神聖ローマ帝国を取り潰されたときの最後の神聖ローマ皇帝であり、かつ初代オーストリア皇帝フランツ一世その人です。そして「ヨーゼフ」はもう少し前の祖先のヨーゼフ二世（マリア・テレジアの長男、マリーアントワネットの兄）の名からです。生まれた男の子にかける期待がいかに大きかったかを物語る命名です。

ヨーロッパ史上最も勤勉だといわれた皇帝が二人います。一人は古代ローマ帝国初代皇帝オクタビアヌスです。そしてもう一人が、フランツ・ヨーゼフ一世です。また、フランツ・

ヨーゼフ一世はオクタビアヌス以来の生真面目な皇帝ともいわれた人です。ヨーロッパで最も勤勉との呼び声が高いこの二人の皇帝のやっていたことをみると、日本の歴代天皇全員がごく普通にやっていることと同じレベルですが……。

10歳の頃のフランツ・ヨーゼフ1世（1840年）

フランツ・ヨーゼフ一世は早くから皇帝になるための教育を受けています。内容やレベルはいざ知らず、一週間に三七科目学ぶことを義務づけられており、なかでも語学は母語のドイツ語を含めて五言語の習得が最低限求められていたといいます（江村洋『フランツ・ヨーゼフ』東京書籍、一九九四年）。ちなみに、他の四言語はフランス語、ハンガリー語、チェコ語、イタリア語です。

フランス語は当時のヨーロッパ貴族社会でのいわば〝標準語〟のようなもので教養として必須でした。残りの三言語は、オーストリア帝国がそれらを話す民族を抱える多民族国家であったことによるものです。

ハプスブルク帝国軍はなぜ弱かったのか

多くの異なる言語を母語として持つ人たちが一つの帝国内にいてどうなったか。まずは一つだけ挙げておきます。

ハプスブルク帝国軍が戦争に弱かった大きな理由がこの多言語です。多民族であるがゆえに言語が統一できなかったからです。軍で統一した言葉として使えるのが合計八〇語しかなかったといわれます。皆がわかる語が八〇しかなければ、できるのは号令を掛けるぐらいです。号令八〇語では軍隊として複雑な動きができません。ハプスブルク帝国軍の弱さは、これまた戦争には弱いと定評のあるイタリアにさえ負けるほどのものでした。

のち明治時代（一八七一年、明治四年）に岩倉具視らが遺欧使節団としてヨーロッパを回ります。使節団の一員だった久米邦武がそのときの報告書のように記した『特命全権大使　米欧回覧実記』があります（以下、原文の引用は久米邦武編、田中彰校注『特命全権大使　米欧回覧実記』岩波文庫、一九八〇年。現代語訳の引用は久米邦武編著、水澤周訳注『現代語訳　特命全権大使　米欧回覧実記』慶應義塾大学出版会、二〇〇五年による）。そのなかで、各国の軍の訓練などを見て感想を書いている箇所で、フランス、ロシア、プロイセン、イタリア

の各国については

「皆之ヲ目撃スレハ、人ヲシテ凜然《りんぜん》トシテ奮励ノ気ヲ生セシム」

（それらを見ると気が凛と引き締まり、我々も頑張らなくてはという気持ちになる）

といったすぐそのあとで、オーストリアの軍については

「墺国ノ兵ハ、華ハ華ナリ、華ニ失スルナランカ」

（オーストリア軍は、華やかなことは華やかであるけれども、華やかすぎるのではないだろうか）

という感想を書きつけています。

フランツ・ヨーゼフ一世が一〇歳にも満たない子供のころから一番興味を示したのが軍事だったというのは皮肉なことです。しかも、単なる座学で終わるのではなく実践教育としての訓練もなされました。一六歳で大佐になり、軍服で終日過ごせるのが何よりも喜びだったようです。それは生涯変わることなく続いたといいます（前掲『フランツ・ヨーゼフ』）。

フランツ・ヨーゼフ一世が生まれたオーストリア帝国はハプスブルク帝国を核とします。そのころのオーストリア帝国の領土はざっというと、オーストリアを中心に、西はヴェネチア、ミラノ、東はハンガリー、ルーマニア（一部）、北はチェコ、スロバキア、南はクロアチアといったところを含む広範囲に及ぶものでした。今のオーストリアの約四倍の領土で

す。核になるオーストリアの外に三倍の土地がある帝国です。ヨーロッパ五大国のなかで四番目とはいえ、一応大国です。五大国の力関係は先に記したのと同じ状況が続いています。

ドイツがどのようにして帝国になったか

ドイツがなぜ帝国になっていくのか、どのようになっていくのかは次章以降で詳しく追っていくとして、ここでは概略をつかんでおきましょう。

ドイツという、今、皆が想像するような、一つにまとまった国はまだ誕生していません。ウィーン会議後に成立した「ドイツ連邦」という国家連合があっただけです。

ドイツ連邦は三五の君主国と四つの自由都市から成り立っていました。オーストリアもプロイセンもドイツ連邦の一員で、その中心となっていたのはオーストリアでした。

ドイツ地方は三方を三大国に囲まれています。フランス、ロシア、海を挟んでイギリスです。ドイツ地方の国が一国にまとまれば、これら三大国に対抗できる強い国ができるのではないかと考えるのは自然なことです。現実には、国力比二のオーストリアと国力比一のプロイセンが組んで、国力比五くらいになってしまいます。算数のように2＋1＝3と単純ではありません。

その後、プロイセンにビスマルクという人が出てきて、オーストリアをドイツという枠組みからたたき出します。オーストリアが一緒にいては、プロイセンは自分が中心になれないからです。その後、プロイセンは今のドイツのもとになる国を作り、オーストリアはハプスブルク帝国として多民族の国としての道を生きていくことになるのです。

一八四八年の大動乱と「大ドイツ主義vs.小ドイツ主義」

オーストリア帝国内には、ドイツ民族の他にハンガリー、チェコ、スロバキア、クロアチア、スロベニアなどの主要民族とされる人たちがいて、ほかにはセルビア人、モンテネグロ人、ムスリム、ルーマニア人、ユダヤ人、ロマ人などがいます。ざっとあげたところで、これです。

そして、主要民族とされる人たちが自治権を要求することに始まり、無限大に分離する傾向になっていきます。そのような状況を引き受ける、真面目な働き者がフランツ・ヨーゼフ一世です。

フランツ・ヨーゼフ一世は「なぜ私にはこの世の不幸すべてが押し寄せてくるのか」と嘆

いたそうです。そういいたくなる気持ちはわかります。その一生は皇帝としても、個人としても災いの連続でした。数々の彼の不幸は章を追って書いていくことにします。

フランツ・ヨーゼフ一世がオーストリア皇帝に即位したのは一八四八年、一八歳のときでした。一八歳での即位はヴィクトリア女王と同じです。

この一八四八年、ヨーロッパ全土で大動乱が勃発します。

二月、なんとも不吉な出来事がありました。マルクスとエンゲルスが『共産党宣言』を出版しているのです。出版と呼応するかのように各地で大規模な暴動が起きる様子は現代風に表現するなら、まさに「ヨーロッパ同時多発テロ」です。

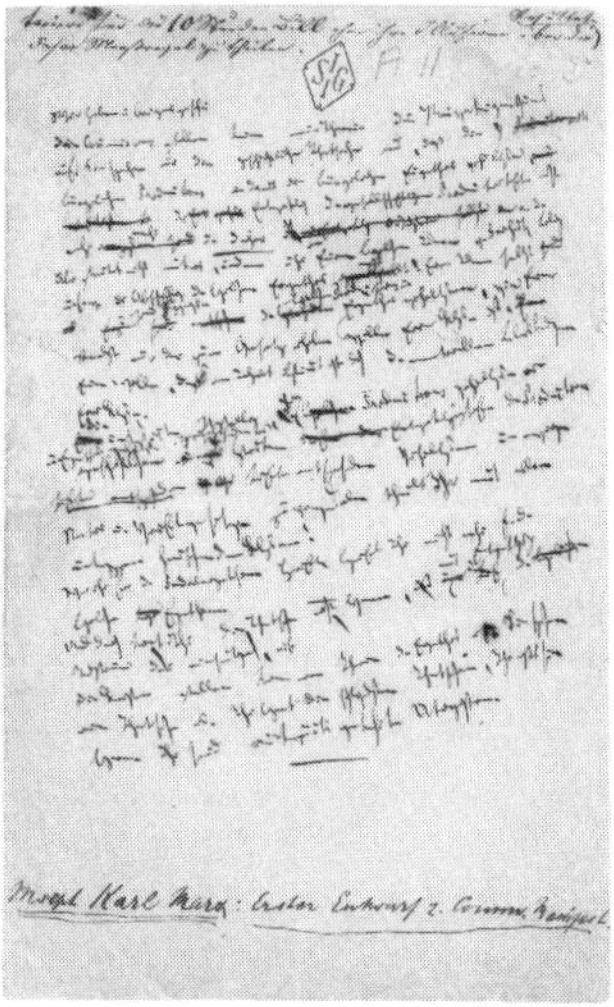
1848年に刊行された『共産党宣言』の原稿

同じく二月、フランスでは二月革命が起こります。国王ルイ・フィリップが退位し、一時的に共和制になりました。イギリスがルイ・フィリップの亡命を受け入れます。
フランスの動乱が回りに飛び火し、三

月にはウィーン革命、ベルリン革命が起きました。

ウィーンではメッテルニヒ首相が退陣します。メッテルニヒはオーストリアの首相です。外相だったときにウィーン会議の議長を務め、会議を仕切った人です。メッテルニヒも英国に亡命していきます。

イギリスの外務大臣パーマストンが、祖国を追われたルイ・フィリップやメッテルニヒの亡命を受け入れているのは、互いにケンカしてはいてもやはり彼らが同じ貴族なのだという証です。

三月の革命以後、ドイツ連邦でも動きがありました。五月に入って、初めての国民議会が開かれました。ドイツの統一と憲法制定をめざした議会でした。ところが、統一のしかたで議会は揉めます。いわゆる、「大ドイツ主義」と「小ドイツ主義」の対立です。

大ドイツ主義とはドイツ地方にオーストリアとベーメン（ボヘミア）のドイツ人居住地区だけを加えて統一しようとする考えです。この場合、ハプスブルクが中心になります。それに対して小ドイツ主義とは多民族を多く抱えるオーストリアを除外してドイツがまとまろうとするやり方です。ヨーロッパのほかの国にとっては「大ドイツ主義」をやられるほうが脅威です。

一度は大ドイツ主義が優勢になり議決されたものの、そうはなりませんでした。オーストリアにとってこの案はのめなかったのです。大ドイツ主義で統一されればオーストリアはドイツになっても、オーストリア帝国の大部分を占めるドイツ人以外のところが組み込まれないことになるからです。オーストリア帝国にとって国内の民族問題がどこまでも大きくのしかかります。

フランツ・ヨーゼフ一世がオーストリア帝国の皇帝に即位したのは、そうした年の十二月のことでした。前途多難が目に見えるようです。

本当に「ウィーン体制」は崩壊したか？

この年にあちらこちらで起きた〝革命〟を総称して「諸国民の春」ともいわれます。しばしば、メッテルニヒが退陣し亡命したことで「ウィーン体制が崩壊した」と評されます。しかし、本当にそうでしょうか。実際は、「諸国民の春」を経て五大国の体制が変わったかというと、体制そのものは何も変わっていないのです。政府が代わっても国家は変わっていませんから。

フランスは国王ルイ・フィリップが亡命し、一時的に共和制になったこと、オーストリアのメッテルニヒも亡命したこと、その二つ以外は何も変わっていません。しかも、そのメッテルニヒにしてもそれで終わるのではなく、亡命した三年後・一八五一年には祖国に舞い戻り、皇帝フランツ・ヨーゼフ一世の相談役のような働きをします。まだまだヨーロッパの貴族社会は強固なのです。

現代のことに置き換えるとより一層わかりやすいでしょう。冷戦崩壊で一九四五年体制が変わったかというと、国連常任理事国の五大国の顔ぶれも変わらなければ、その五大国はいまだ大国のままです。変わったといえば、ソ連がロシアになっただけです。今のところは。

現代の、もう一つの例です。二〇〇一年の九・一一同時多発テロで滅んだ西側諸国というのは一つもありません。そこにはＮＡＴＯ諸国の結束がありました。それと同じように「諸国民の春」という同時多発テロで滅んだ国はなく、ウィーン体制も崩壊していないのです。「ウィーン体制崩壊」と評するのもそれら現代の例と同じことで、要は歴史の捉え方なのです。

ウィーン体制が本当に滅びるのは一九一八年です。一九一八年を広義のウィーン体制崩壊だとすると、一八四八年は狭義のウィーン体制崩壊ぐらいの扱いでしょう。

一八四八年をなにがなんでも「ウィーン体制が崩壊した」といいたがるのは、そうでなければ困る人たちです。一八四八年を記述する冒頭で、不吉な出来事として挙げた『共産党宣言』を信奉する人たちです。

清朝三〇〇年の皇帝たち

ここでチャイナ大陸の清国をさっと見ておきましょう。

清は満洲人（女真族）の国です。それまでチャイナ大陸にあった明にとって代わった国です。一六一六年、太祖となるヌルハチが後金という国を建てました。これを受け継いだ息子の二代皇帝ホンタイジが一六三六年に国名を清に改め、民族名を満洲としました。

清は一六三六年、ホンタイジによって始まり、一九一二年、宣統帝《せんとうてい》（溥儀《ふぎ》）で終焉を迎えます。その間約三〇〇年、一二人の皇帝が治めました。そのなかで初代から六代乾隆帝《けんりゅうてい》（在位一七三五年―一七九五年）までの二〇〇年間、名君が続きました。それはチャイナ大陸の王朝としては奇跡です。しかし、見方を変えれば清朝というのは半分の六人しか名君がいない王朝なのです。

清は六代の乾隆帝の末期からすでにおかしくなっていました。

ヘシェンという官僚が国家予算一五年分を着服していたのです。着服したのが、なんと一五年分です。清はそんな奴をのさばらせるという耄碌《もうろく》ぶりです。七代嘉慶帝《かけいてい》は実質どうすることもできず、乾隆帝が亡くなってからヘシェンに罰として自死させるのが関の山でした。

七代嘉慶帝（在位一七九六年—一八二〇年）の最後の五年からラストエンペラー一二代宣統帝（在位一九〇八年—一九一二年）までが、清の「長い十九世紀」にあたります。

西太后は一八三五年に生まれたとされ、一九〇八年に亡くなります。西太后は生まれた場所も特定できていないなど、子供のころのことはよくわかっていません。ただ、満洲族の官僚の家に生まれたのは確かなようです。

一八四〇年、清とイギリスのあいだでアヘン戦争が始まります。西太后が五歳になろうとするころです。乾隆帝を最後に退嬰的となった清には、アヘンが蔓延していました。

アヘン戦争が始まる前年（一八三九年）、欽差大臣・林則徐が八代道光帝の勅命を得てアヘンを一掃し禁輸しようとするも、時すでに遅しとはこのことでした。深刻であるはずのアヘン戦争が、清朝にはどこか他人事です。愛国者の意見を取り上げません。

たとえば、林則徐が収集した情報を託され、魏源が書いた『海国図志』という貴重な書物も清朝ではあまり読まれていません。『海国図志』を一番読んでいるのは日本人でした。徳

アヘンを吸引する清国人

川吉宗以降、目覚めた日本人には貴重な情報だということがよくわかっていたのです。そういえば、先に挙げた映画『阿片戦争』の最後に、大臣を解任され地方に落ち行く林則徐が地球儀を「これを皇帝に」とほかの人に手渡します。これが史実かどうか、今となっては特定はできませんが、眠れる清を象徴している印象的なシーンでした。

一八五〇年、道光帝が亡くなり、息子の咸豊帝《かんぽうてい》が即位しました。その翌年、西太后は「選秀女」の面接を受けて出世階段を上がっていくことになるのです。選秀女とは清朝皇帝のお后を選ぶ独特のシステムです。

そのころ、清国内では太平天国の乱が起きていました。

内憂外患が続いていきます。

なぜヨーロッパの大国がアジアにやってきたのか

五大国のうちのイギリスとロシアがヨーロッパにおけるメインストリームとはまったく別に、ユーラシア大陸で覇権抗争を繰り広げています。ユーラシア大陸の西から、オスマン・トルコ、ペルシャ、インド（ムガール）、そして清というアジアの四つの帝国を食いものにしながら、とうとう日本にまでやってくるという時代です。

イギリスとロシアのユーラシア大陸での覇権抗争。「グレート・ゲーム」です。

なぜヨーロッパの大国がアジアにやってきたのかという動機を推測するのは各国の事情も一様でないこともあり、非常に難しいとしかいえません。ただ、これだけはいえます。

今となっては、植民地というのは決して儲からないということがわかっています。しかし、当時はそうは思っていないのです。植民地を持つことはステータスなのです。

単純に自分の勢力圏をどれだけ増やすかという、まさにゲームです。そして、相手に取られたくないという本能に近いものが、国をして植民地獲得に駆り立てていったとしか思えません。一昔前の企業のシェア争いにも同じようなことが見られました。シェアは独占すればよいというものでもありません。シェアを独占すればよけいに自分が困るということもあるわけですから。

さあここから、目覚めた日本が世界史の舞台でどのように振る舞うのか。じっくりと観察していくことにしましょう。

第一章　明治天皇誕生——幕末維新の世界史的状況

共和制の下での皇帝とはどのような存在か?

前章の最後に述べたように、十九世紀の世界は、海のチャンピオンのイギリスに陸のチャレンジャーのロシアが挑む、「グレート・ゲーム」によって動いています。狭義の「グレート・ゲーム」とはカスピ海周辺をめぐる英露両国の角逐のことですが、この二つの超大国の抗争は全世界に拡大していきました。

西から、オスマン・トルコ、ペルシャ、ムガール、そして清。アジアの大帝国は見る影もなく、英露両国に食い荒らされます。今やヨーロッパの大国が世界の大国なのです。ヨーロッパは世界を席巻し、我が日本にも触手を伸ばしてきます。

ただ、日本にとって幸いだったのは、清と違ってヨーロッパ列強の視界に入らなかったことでしょう。また、列強の最大関心事は、ヨーロッパのなかのことです。アジアの、しかも日本のことなど二の次です。列強の侵略の魔の手が伸びて来るには、少しだけ時間がありました。

これも前章で見たように、十九世紀半ばの一八四八年には、「諸国民の春」と呼ばれる大動乱が西欧全体で発生しました。フランス・オーストリア・プロイセンの三大国で同時に革命が勃発し、イギリスも激しい労働運動の頻発で革命前夜でした。五大国中、無傷だったのはロシアだけです。

オーストリアでは、人心を鎮めるために皇帝が退位します。フェルディナント一世に代わり即位したのが、フランツ・ヨーゼフ一世です。ハプスブルク帝国の事実上のラストエンペラーとなってしまいます。

フランスも混乱が続きます。国王のルイ・フィリップを追い出して共和制になったと思ったのも束《つか》の間《ま》、またまた皇帝による独裁が始まることになります。一八四八年、共和制になったフランスで大統領に選ばれたのはルイ・ナポレオンでした。ナポレオン一世の甥です。

ナポレオン3世

その三年後の一八五一年十二月二日、ルイ・ナポレオン大統領がクーデターを起こし全権を掌握したかと思うと、ちょうど一年後の一八五二年十二月二日に皇帝に即位します。もちろん、この日を意図的に選んでの即位です。十二月二日は、ナポレオン・ボナパルトが戴冠式を行って皇帝に即位し、ナポレオン一世になった日なのです。ルイは、ナポレオン三世を名乗ります。彼もまた、フランスのラストエンペラーとなります。

ところで、伯父のナポレオン一世も共和制下で皇帝でした。甥もまた然り。君主のいないはずの共和制で、しかも帝国ではないフランスでエンペラーというのはどんな存在なのでしょうか。

エンペラーやキングは君主制の元首で、プレジデントが共和制の元首だという理解が一般的ですが、それは一面的です。もう一面で、実はエンペラーはプレジデントと同じものであるという考えもあります。選挙で選ばれる世襲大統領のことをエンペラーというわけです。古代ローマ帝国でも共和制の建前は維持され、皇帝の選挙も行われていました。

現代の中東でも、建前は選挙で選ぶ大統領制なのに、その地位は事実上世襲という国がいくつもあります。名前は大統領ですが、民主国の大統領とは明らかに異質な存在です。十九世紀フランスも同じようなものです。名乗りが皇帝か大統領かの違いだけです。

西太后、出世と成り上がりの軌跡

さて、アヘン戦争ですでにグレート・ゲームの一端に巻き込まれた清はどうなっているでしょうか。

西太后は選秀女の面接を受けて合格し、咸豊帝の側室の一人になりました。

当時の清朝宮廷では、側室にも格付けがありました。もちろん、正室である「皇后」は別格の存在です。側室は皇后の下で皇后に侍する者とされていました。この時代の側室の階級の高い順から「皇貴妃」一名、「貴妃」二名、「妃」四名、「嬪」六名、そして定員数が設けられていない、貴人、常在、答応と全部で七階級あったそうです。皇后を第一階級として入れれば后妃は全部で八階級になります。

西太后は咸豊帝の后妃の八階級のうちの第六階級「貴人」から始まり、咸豊帝が生きているあいだに第三階級の「貴妃」まで上がりました。

咸豊帝には正室である皇后（のちに東太后《とうたいこう》と呼ばれる）がいたので、西太后は東太后よりも下の扱いでした。それは終生どころか、死して陵墓に眠るようになってからも墓の位置が東太后の下座というように、どこまでも続く格付けでした。

西太后の写真や肖像画が数多く残っています。容姿はさておき、頭がいい人だったのは間違いないでしょう。

一八五二年、明治天皇のご生誕

我が国では、明治天皇が嘉永五年（一八五二年）に生まれました。旧暦の九月二十二日、太陽暦では十一月三日です。父は第一二一代孝明天皇、母は権典侍《ごんのてんじ》中山慶子《よしこ》です。典侍は側室です。

明治天皇は母・慶子の実家、中山忠能《ただやす》の邸内に慶子の出産のために新築された産所で生まれました。民間ではお七夜《しちや》といわれる、生まれてから七日目の儀式で、明治天皇は幼名を「祐宮《さちのみや》」と命名されました。祐宮という名は、英主として知られた曾祖父の光格《こうかく》天皇と同じ幼名です。かなりの期待をされていたということです。

光格天皇は閑院宮《かんいんのみやけ》家の出身です。閑院宮家は江戸時代、新井白石の提案で創設されました。

第一一八代後桃園《ごももぞの》天皇（在位一七七〇年―一七七九年）は病弱で皇子がおらず、二二歳で急死しました。後桃園天皇の突然の崩御でその直系の皇統が途絶えるというときに、閑院宮家から第一一九代天皇として光格天皇が即位しました。

光格天皇は即位してから次々と宮中の行事を再興します。それに伴い、天皇の権威も取り戻されていきました。何より、光格天皇は「天皇」という称号を復活させた天皇なのです。

第五二代嵯峨天皇のときから「嵯峨院」のように院号が使われるようになりました。そして第六三代冷泉院のときに、正式に天皇号が使われなくなり、院号になります。

ちなみに、院号というのは天皇でなくても使えます。たとえば、八代将軍徳川吉宗に贈られたのが「有徳院《ゆうとくいん》」です。将軍のみならず、大名でも、庶民でも金持ちなら戒名に「院」を使うことがあります（藤田覚『幕末の天皇』講談社学術文庫、二〇一三年）。院号は何も特別なものではないのです。

ところが光格天皇崩御に際し、実に約九〇〇年ぶりに天皇号が復活しました。生前、あまりにも偉大だった英主を偲《しの》び、朝廷では天皇号を追贈しようと決定し、江戸幕府も従ったのです。この動きには、生前の光格天皇を支えた側近たちの活動もありました（この間の詳しい事情は、小著『国民が知らない 上皇の日本史』祥伝社、二〇一八年を参照）。

立憲君主の行いをしていた光格天皇

英主としての事例を、二つだけ挙げておきます。

一つは、時の権力者・松平定信との戦いです。

天明七（一七八七）年に起きた天明の大飢饉に、江戸幕府は無策でした。困り果てた庶民が向かった先は御所です。一周約一・三キロメートルの京都御所の築地塀《ついじべい》の回りを歩いて回る人の姿が見られました。最初は一人、また一人ぐらいだった人の数が、数十人になり、三日後には一万人（三万人との説もある）にものぼり、一〇日後には七万人を数えるまでになったといいます。「陛下、お助けを」とばかりに集まった人々はまるで神仏に願掛けするように御所のまわりを歩きます。その際に御所の南門にお賽銭を投げ入れる人が後を絶たず、「寛永通宝なら四万枚」に至ったとか（前掲『幕末の天皇』）。これは「御所千度参り」といわれます。後から後から来る人々の姿を見て、光格天皇は幕府に「民が苦しんでいる。なんとかせよ」と書付を送りました。本来ならば禁中並公家諸法度への違反で、この一事を以って廃位されかねませんが、結果的に定信に救恤《きゆうじゆつ》政策を実行させます。

さらに、将軍家斉との協調関係を利用して、定信を罷免に追いやりました。

もう一つは、外交関係への関与です。

文化八（一八一一）年、ゴローニン事件が起きました。ゴローニン事件とはロシアの海軍士官ゴローニンが部下とともに国後島《くなしり》で捕縛され、松前に約二年留め置かれた事件です。

ゴローニンは軍艦ディアナ号の艦長に就任後、世界周航に乗りだし、その途中で千島海域の調査のため国後島に上陸しようとして捕らえられました。ゴローニンが来る少し前（一八〇七年）にロシア人によって択捉島《えとろふ》が攻撃された事件があったこともあり、ゴローニンは厳しく取り調べられたようです。結局、ゴローニンは、ロシアに捕らえられた高田屋嘉兵衛と交換という条件で釈放されます。

光格天皇はこのとき幕府に対して、このゴローニン事件における交渉経過の説明を求めました。外交権は君主、すなわち天皇にあることを示したのです。

光格天皇の行動は、イギリス憲法の用語で説明できます。ウォルター・バジョットは一八六七年、現代でも世界的に権威とされる『英国憲政論』で、君主には「警告」「激励」「被諮問」の三つの権利があると説いています。立憲君主は政治に参加してはいけない。しかし、警告する権利、激励する権利、相談を受ける権利（被諮問権）は持っていて、ときの為政者に発動してよい。これら三つの権利を行使することによって賢明な君主は政治に影響力（＝パワー・オブ・インフルエンス）を及ぼすだろう。こうした考えがイギリスの憲法理論です。

光格天皇の御所千度参りでの行動は警告権、ゴローニン事件では被諮問権を発動しています。

光格天皇は立憲君主の〝本家〟と見なされるイギリスが行うよりも先に、江戸時代から立憲君主の行いをしていたわけです。

明治天皇の約一〇万首の「御製」が果たした役割

立憲君主を先取りしていた光格天皇は明治天皇の曾祖父です。そして、現在の日本国の皇室の祖なのです。高邁《こうまい》な先祖と同じ祐宮と命名された明治天皇。どんな子供時代だったのでしょうか。

明治天皇（明治5年）

実は、病弱な男の子でした。よく熱を出し、それもちょっとやそっとの発熱ではなく、生死をさまようほどのものであったことが何回も記録されています。もっとも、乳児死亡率（生後一年未満の死亡のことで、出生数一〇〇〇に対して乳児の死亡数を割合として出したもの）が今とは比べものにならないくらい高かった時代でした。ちなみに、厚生労働省の統計によると、日本の乳児死亡率は明治三十二（一八九九）年が一五三・八、平成二十八（二〇一六）年が二・〇となっています。

祐宮は生まれてから毎年、高熱を出しながらも無事に満五歳の誕生日を迎えます。五歳の祐宮が初めての歌を詠みました。

月見れば雁がとんでゐる　水のなかにもうつるなりけり

この和歌は生母・中山慶子の遺品から見つかったそうです。歌には詠まれた日付が母の手で書き添えられていたといいます（ドナルド・キーン『明治天皇を語る』新潮新書、二〇〇三年）。

この一首から始まって、明治天皇がその生涯に詠んだ和歌は約一〇万首といわれています（ドナルド・キーン『明治天皇』上巻、新潮社、二〇〇一年）。気持ちの示唆だけではありません。時に、君主として政治との関係において立憲君主の持つとされる三つの権利なども和歌を詠んで知らせるということさえあるのが明治天皇の御製なのです。イギリス人には到底できないことです。

運動を嫌う公家、身体を鍛える西洋貴族

九歳で正式に儲君《もうけのきみ》、すなわち皇太子に立てられ、睦仁《むつひと》親王となります。

幼少の睦仁親王は化粧もしていました。男子が化粧することはお公家さんの世界ではなんらおかしいことではない、ごく普通のことです。のちの剛毅な明治天皇とはまったく違い、顔を白く塗り、頰を紅で染めた姿は想像することも難しいくらいです。病弱だったうえに、公家の伝統的な風習によって女の子のようだった睦仁親王は作られた像を演じていたのでしょう。

公家の伝統的なことは化粧だけではありません。武張ったことを好まないというのもそうでした。

公家も平安時代の保元の乱（一一五六年）あたりまでは、かなり暴力的でした。しかし、鎌倉幕府ができてからというもの、天皇も公家も血を触りたがらなくなりました。それどころか、時代が下がるにつれて天皇は御所を出ることさえしなくなります。京都御所から一生出ることなく最期を迎えた天皇は大勢います。父母に会いに行くといえばそれが「行幸」となり一大行事でした。天皇は御所のなかで儀式を行う存在で、非常に単調な暮らしでした。

そんな暮らしのなかで身体が鍛えられるなら、そのほうが不思議です。

このあたり、儒教世界では貴人は労働や運動を嫌いますから、日本の公家は笑えません。天皇も中華皇帝も、「走ってはいけない」という価値観で生きているのです。庶民とは違います。

逆に、ヨーロッパの貴族というのは特に身体を鍛えます。貴族たるもの、肉体においても他の者を圧倒しなければならないとの考え方からです。

たとえば、フランツ・ヨーゼフ一世は身体能力に特別秀でているわけではありませんでした。しかし、何事にも真面目な人ですから、怠ることなく常に身体を鍛えるので、人並み以上に運動神経はいいのです。フランツ・ヨーゼフ一世が一週間に学ばねばならなかった三七科目のなかに「体操」もしっかりと数えられていました（前掲『フランツ・ヨーゼフ』）。

ヴィルヘルム二世やニコライ二世にしてもおよそエンペラーと呼ばれる人たちは意識して身体を鍛えています。

太平天国が原因で死んだ西太后の父

祐宮の成長を記すあまり、時代が少し先に進みました。少し時間を戻して、祐宮が満一歳の誕生日を迎えた一八五三年の世界情勢を見てみましょう。

清では洪秀全《こうしゅうぜん》が率いる太平天国軍が南京を陥落させ、勢いづいています。

チャイナ大陸の王朝には「中国史のパターン」というのがあります（詳細は、小著『嘘だらけの日中近現代史』扶桑社新書、二〇一三年をご覧ください）。王朝の末期、滅びる二段階前の現象として秘密結社が乱立し、これに農民反乱が加わり、暴動が全国化するのが常です。だからこそ「パターン」なのですが。

清も、まさにその段階を迎えていました。太平天国というキリスト教系の秘密結社が暴れていたのが何よりそれを雄弁に物語ります。

吉田松陰は、萩の野山獄中で書いた「清国咸豊乱記」で「洪が党の名義、漢土人夷満を悪《にく》むの情に投合す」（山口県教育会編『吉田松陰全集』第二巻、大和書房、一九七三年）と、洪秀全の党＝太平天国というのは漢民族の満洲人に対する反乱なのだという指摘をしています。太平天国の乱が起きてから四年目のことでした。ちなみに夷満とは、満洲人を見下した呼び方です。

清国には「満、蒙、漢」の序列があります。満洲人、モンゴル人、漢人の順です。ところが、序列一位・二位の、満洲人とモンゴル人がどんどん弱体化していきます。

太平天国軍と清国軍の戦い(武昌の戦い)

もう少しあとに起こることを先取りすると、太平天国の乱を鎮圧するのが李鴻章《りこうしょう》です。李鴻章は漢人で、漢民族の軍閥を率いて乱を鎮圧します。太平天国の乱において、満洲八旗（清の太祖とされるヌルハチが創設した軍団のこと）とモンゴル騎兵は何の役にもたたず、活躍したのは漢人でした。そうしたことが続いて、漢人はモンゴル人を追い抜き、清朝で二番目の地位に上がっていったのです。

西太后の父親が亡くなったのも、太平天国の乱が原因です。官吏だった西太后の父は太平天国軍に襲撃されるも、命からがら落ち延びました。しかし、咸豊帝にそれを敵前逃亡と疑われ、落ち延びた理由がはっきりする前に罷免され、その心労がもとで亡くなったという見方があります（前掲

『西太后』)。しかし、詳細はわかっていません。チャイナ大陸ではいつも細かいことについては残されないのです。結果がすべてです。チャイナとはそういうところだというのは頭に入れておいたほうがいいでしょう。

フランツ・ヨーゼフ一世暗殺未遂事件と〝不思議ちゃん〟シシィ

同じ年のオーストリア帝国では若き皇帝フランツ・ヨーゼフ一世が、母ゾフィーの勧めで見合いをしようとしていました。ところが、こともあろうにその見合いを兼ねた舞踏会が開かれる当日、フランツ・ヨーゼフ一世暗殺未遂事件が起きてしまったのです。

フランツ・ヨーゼフ一世を襲ったのはハンガリー人でした。フランツ・ヨーゼフ一世は即位した翌年の一八四九年に、多くのマジャール人(ハンガリー人)の要人を粛清したことがありました。マジャール人が独立を企てたというのが粛清の理由でした。それを恨みに思っての犯行だったのです。

襲われた傷がもとで失明の危険もありました。その危機を脱し、その後は順調に回復していったものの、すっかり治るまでには一年もかかるほどの傷だったようです。これもフランツ・ヨーゼフ一世に降りかかった災いの一つだったものの、あとから起こる災いの数々に比べれば、それほど大きなものとはいえません。

当然、舞踏会と見合いは中止されます。

半年後に仕切り直しです。気を取り直して行われた見合いで、フランツ・ヨーゼフ一世が気に入ったのは当の見合い相手の女性ではなく、お供についてきた妹のほうでした。シシィの愛称で親しまれた、のちの皇后エリザベートです。

エリザベートはフランツ・ヨーゼフ一世の母方のいとこです。エリザベートの母はフランツ・ヨーゼフ一世の母の実の妹です。

皇后エリザベート(1867年)

すっかりシシィの虜になったフランツ・ヨーゼフ一世は母ゾフィーを通して求婚します。シシィは戸惑いながらも結婚を承諾しました。ここで、シシィは運命の暗雲を予感するひとことを呟きます。「たしかに私は彼を愛している。でも、もし彼が皇帝でさえなければ！」と(前掲『フランツ・ヨーゼフ』)。前途を暗示するかのようです。シシィ一六歳、フランツ・ヨーゼフ一世・二三歳のときのことでした。

シシィは、とても美しい人でした。そして、とても〝不思議ちゃん〟です。たとえば、結婚して出産後、特に体形を維持することに並々ならぬ情熱を注いでいました。スポーツジムの設備のようなものを自前で用意し、そこには鉄アレイまで置かれていたといいます。また、毎日の昼食の後の散歩は散歩などという生やさしいものではなく、まるで速歩《はやあし》の訓練だったそうです。身長が一七二センチメートルのシシィが大股のしっかりとした速歩で、どんどん遠くまで行くので、お付きの女官はしばしば呼吸困難になったといいます（マーティン・シェーファー『エリザベート』永島とも子訳、刀水書房、二〇〇〇年）。

中立政策で恨みを買ったオーストリア――クリミア戦争

オーストリア帝国にそれなりの慶事があった一方で、ヨーロッパ社会には凶事が起きました。クリミア戦争です。

ナポレオン戦争以来約四〇年ぶりの、大国どうしの戦争です。

ロシアとオスマン・トルコの戦争に、英仏が介入しました。ロシアvs.オスマン・トルコ、イギリス、フランス、サルデーニャというのが大枠の構図です。

フランツ・ルボー画「セヴァストポリ攻囲戦」。クリミア戦争の山場となった戦い

ロシアがオスマン・トルコの衰えに乗じて、南下しようとしました。イギリスがそれを警戒し、フランスに呼びかけて参戦しました。ついでにサルデーニャ（イタリア統一戦争で中核となる王国。領土はイタリアとフランスにまたがっている）も英仏側につきました。

フランツ・ヨーゼフ一世のオーストリアは、クリミア戦争では中立政策をとり、参戦国のすべてから恨みを買います。みんなから恨みを買うのは当然です。戦争において中立というのは「みんなの敵」という意味ですから。中立は決して「みんなの味方」ではありません。

このときのオーストリアが中立政策をとった事情を一応弁護しておきます。

イタリアがオーストリアから独立しようとし

ていました。サルデーニャ王国は一八四八年にイタリア統一のために戦争をオーストリアに仕掛けた国でした。そのサルデーニャがオスマン・トルコ、英仏側についたわけですから、オーストリアからすれば「なぜ、こいつと一緒に戦わなければいけないのだ」です。

他にも理由がありました。

ウィーン体制のもとでいろいろな同盟ができていました。神聖同盟もその一つです。神聖同盟はイギリス、ローマ教皇、オスマン・トルコ以外の全ヨーロッパが参加した同盟でした。なかでも露普墺の結びつきが特に強く、三国は〝鋼鉄同盟〟と呼ばれるほど互いに友好国でした。国力比断トツ一位のイギリスに対抗するにはこれくらいのまとまりが必要だったのです。

しかし、オーストリアはクリミア戦争のときに、ロシアがいくら友好国であっても、イギリス相手にはケンカしたくなかったのです。なにしろ、イギリスは断トツの超大国だったわけですから。

オーストリアにはオーストリアのやむにやまれぬ事情があって中立の立場をとり、結果、両陣営から恨みを買ったのは、結局、外交がうまくなかったということです。

クリミア戦争と「日本の開国」との見えざる関係

フランツ・ヨーゼフ一世はクリミア戦争中の一八五四年四月、シシィと結婚しました。そして、翌一八五五年三月に最初の子が生まれますが、二歳で亡くなります。フランツ・ヨーゼフ一世の母と同じゾフィーと名づけられた娘でした。

子供の誕生を機に加速したのが、妃となったシシィと姑ゾフィーのあいだの嫁姑戦争です。二人は伯母と姪という関係であっても、フランツ・ヨーゼフ一世を挟めば嫁姑です。フランツ・ヨーゼフ一世は公私のどちらにおいても戦争で、あちらを立てればこちらが立たずという辛い立場でした。

フランツ・ヨーゼフ一世とシシィのあいだには、亡くなった長女を含めて、一男三女の四人の子供が生まれます。最初の三人は生まれてすぐに、姑のゾフィーが連れて行きました。シシィからすれば赤ん坊を取り上げられた恰好です。幼い子供を亡くしたこと、そして子供の養育をめぐる嫁姑の争いも、フランツ・ヨーゼフ一世不幸への序曲にしかすぎません。

クリミア戦争は、一八五六年パリ講和会議で正式に終結しました。ロシアがイギリスに嬲《なぶ》り者にされた戦争ですが、参加国の誰も特に得るものなく終わりました。

ただ、この遠く離れたクリミアで起きた戦争は、日本にも大きく影響していました。徳川三〇〇年の泰平は、クリミア戦争によって破られるのです。日本は英露が戦っている隙《すき》をつきました。

ペリーの黒船が最初に日本にきたのは一八五三年七月のことです。日本に開国を要求する大統領の親書を携えていました。ペリーはわずか一〇日ばかりの滞在で、「来年の春にまた来る」と言い残して去っていきました。

かつては「ペリーが日本にやってきて、アメリカに脅されて開国した」という見方がとおり相場でした。昨今、さすがにそれは一面すぎると考えられるようになり、かなり修正されてきています。開国を迫ってきたのが新興国アメリカのペリーだったので、日本としては願ったりかなったりという面もありました。

相手がロシアなら、呑み込まれて終わりでしょう。清がこのときに削られた領土を中国はいまだに取り返していませんし、シベリアの先住民に至っては丸ごと呑み込まれています。日本が彼らのようにならない理由は、どこにもないのです。逆に、イギリスと組めばどうなるか。ロシアは日本が敵国のイギリスを組んだことで、どんな因縁を吹っかけて来るかわかりません。そのとき、イギリスは日本を助ける義理はありません。助けてくれたとして、どんな見返りを求められるかわかりません。そして二五〇年の友好国のオランダは小国なので頼りになりません。その点、アメリカは大国には敵《かな》いませんが、新興国ではあります。日米が組めば、大国に対抗できるかもしれない……。地政学的には、否応ない判断でした。

ペリーが開国を要求してきたとき、老中首座・阿部《あべ》正弘《まさひろ》は各界に諮問しました。阿部は、最初に「三奉行・大目付・目付・海防掛」、それに続いて「大名、評定所、三番頭」に意見を求めています（加藤祐三『開国史話』神奈川新聞社、二〇〇八年）。幕閣だけでなく、諸大名にも意見を求めたのです。

老中首座・阿部正弘

しかし、百家争鳴でした。「祖法だから鎖国だ」と反対意見があり、「では、あれを打ち払えるのか」と問えば、反対派には返す言葉がありません。

このとき、幕府はペリーがやってきたことと開国を要求するアメリカ大統領の国書を翻訳して朝廷には一応の報告はしたものの、孝明天皇にどう対処すればよいかを尋ねてはいません。

関白の鷹司政通《たかつかさまさみち》が幕府に対して、政務を任せている以上あれこれ細かい指示はしないけれどアメリカにどのような返事をするのかを知らせてほしい旨を伝えました。しかし、幕府は何も伝えませんでした（藤田覚『江戸時代の天皇』講談社、二〇一一年）。このときは朝廷を巻き込むことなく、幕府自身で対処しようとしていました。

そして嘉永七（一八五四）年三月、幕府はペリーと日米和親条約を結びます。次いで、同年八月には日英和親条約、十二月には日露和親条約を結びました。

アロー戦争で嬲り者にされるなかで西太后、皇子を生む

クリミア戦争の余波でペリーが日本にやってきたころ、隣国の清はどうなっているでしょうか。

清が太平天国の乱で苦境に陥っているときを狙って、英仏がやってきました。第二次アヘン戦争ともいわれるアロー戦争です。英仏vs.清、という構図の戦争です。この戦いを「戦争」といっていいかどうか迷います。というのは、あまりにも英仏が一方的に清を叩いているだけなので。

アロー号という船がイギリスのアヘンの密輸に使われていました。清がアロー号を立ち入

り検査し、乗組員を逮捕します。そのとき清の官憲がイギリスの国旗を引きずり降ろし不敬を働いたとイギリス側がいいがかりをつけます。まったくいいがかりとしか、いいようがありません。というのは、アロー号は更新料の未払いにより、そのときはイギリス船籍ではなかったからです。イギリスはもちろんそれを隠していました。すべては戦争を仕掛けるための口実でした。

アロー戦争で清が嬲《なぶ》り者にされている最中の一八五六年、西太后は皇子載淳《さいじゅん》（のちの同治《どうち》帝《てい》）を生みます。皇子を生んだことで側室としての階級も第三の「貴妃」に昇進しました。これで唐の玄宗皇帝の寵姫・楊貴妃と同じです。皇子を生んで以降、西太后の発言力が上がっていきます。

アロー戦争は一八六〇年まで続くものの、一八五八年にいったん休戦協定が結ばれます。英仏米露が清と天津条約を結んだのです。事実上の停戦協定です。これは日本にも影響します。

日本、不平等条約を締結し半文明国に叩き落とされる

清の惨状は、日本にも伝わっています。このころ、日本は初代駐日本アメリカ領事のタウ

ンゼント・ハリスから、日米修好通商条約の締結を求められています。よく知られているように、その内容は不平等条約でした。幕府は、戦争（にもならない一方的な攻撃）を仕掛けられる前に、先手を打って欧米の求める不平等条約を受け入れてしまおうと考えました。そこまではよいのですが、時の老中の堀田正睦《まさよし》は、朝廷に許可を求めてしまいます。

では、朝廷が許可を出せるか。時の孝明天皇は、大の外国人嫌いです。いったい、何のために幕府に大政を委任しているのか。そもそも征夷大将軍とは何か。夷（異民族、野蛮人）を征する大将軍だから、征夷大将軍です。

ところが、征夷大将軍を擁する幕府が「攘夷できません」と泣き言をいいだし、さらに天皇に「条約を結んでいいですか」と訊《き》いてきたわけです。天皇からしたら、責任だけ押しつけてきたようなものです。

最初から天皇に許可を求めず、幕府が政務を任されているものとして自分でやってしまえばよかったのです。阿部正弘がやったように。

結局、井伊直弼が大老に就任して、安政の不平等条約を勅許なしに結びました。新興国の重大な財源である関税を自分で決められない。外国人に日本人が殺されても自分で裁判ができないので泣き寝入りするしかない。関税自主権の喪失と領事裁判権の容認です。戦わずして植民地にされずにすみましたが、半文明国の地位に叩き落されました。

このとき、明治天皇は六歳。この後、五〇年をかけて文明国の地位を取り戻すことになります。

日本史で起きている出来事は、実はヨーロッパで起きることで決まっている時代です。大国の英仏が清を嬲り者にしている。その余波（つまりオマケ）で日本も圧力を受け、文明国の地位を取り上げられる。そんな時代です。

クリミア戦争以来、南の海から英仏が来て、北の陸からロシアが来ています。まさにグレート・ゲームが目の前まで迫ってきました。

イタリア独立で強まるオーストリア帝国の分離傾向

ヨーロッパに目を向けてみましょう。第一に、オーストリアです。

一八五六年、オーストリア帝国ではフランツ・ヨーゼフ一世とシシィが夫婦揃って北イタリアに四カ月も巡幸していました。北イタリアでオーストリア帝国から独立しようとする動きが活発になっていたからです。フランツ・ヨーゼフ一世はなんとか帝国を一つにまとめて結束を図ろうとするのですが、思うようにうまくはいきません。

一八五八年、フランツ・ヨーゼフ一世夫婦に待望の皇子ルードルフが三番目の子として生まれます。上の二人の子のときと同じように、生まれてからすぐにゾフィーが連れて行ってしまいます。この男の子が大人になってから大きな悲しみをもたらす存在になるとは、このときはまだ神のみぞ知るでした。

皇子誕生の喜びも束の間。翌年一八五九年、サルデーニャが二回目のイタリア統一戦争をオーストリアに仕掛けます。このときサルデーニャはフランスにサヴォイアとニースを割譲する条件を提示し、手を組んで戦うことを持ちかけています。ナポレオン三世はそれを受諾し、フランスはサルデーニャ側について戦いました。

オーストリア帝国はイタリアに大敗します。のちのちまで「ソルフェリーノの敗戦」として記憶されることになる負け戦でした。フランツ・ヨーゼフ一世自らが陣営に乗り込んでいっても帝国軍の士気はあがりません。いくらハプスブルクが戦争に弱いので有名とはいえ、オーストリア帝国の弱体化は深刻です。それにしても、イタリアに負けるとは、どれだけ戦に弱いのか。

ここで勝ったイタリアはオーストリア帝国から独立していきました。イタリア独立がきっかけとなり、オーストリア帝国の分離傾向が加速していきます。

次にハンガリーがオーストリア帝国から分離しようとします。ハンガリーはいきなり独立戦争を仕掛けるのではなく、徐々に徐々に帝国内における自治権を拡大していきました。一八六〇年に、ハンガリーは議会での権限を勝ち取り、自分たちハンガリー人の母語であるマジャール語を公用語として認めさせました。ハンガリーにとっては大きな一歩です。

公用語をめぐる攻防に対しても、日本人はなかなかピンときません。オーストリア帝国のような多言語国家にあっては、公用語が何語なのかが個人にとっても死活問題につながります。日本では、日本人の母語である日本語と、国で使用している言語が日本語で一致しているという世界的に見ればかなり稀な言語環境です。そして、それはとても恵まれている、幸せな状況なのです。ちなみに、日本語は日本国の公用語ではありません。日本に公用語はないのです。そんなものを決めなくても、日本語しかないのですから。

世界を引っ掻き回すヴィルヘルム二世の誕生

第二に、プロイセンを見てみましょう。

一八五九年、のちにカイザーと呼ばれることになる、ヴィルヘルム二世が生まれました。父はプロイセン王子フリードリヒ（のちの、第二代ドイツ皇帝フリードリヒ三世）、母はイギリ

幼少のヴィルヘルムと父フリードリヒ皇太子(1863年)

スのヴィクトリア女王の長女ヴィクトリアです。ヴィルヘルム二世はヴィクトリア女王にとっては初孫です。

　ヴィルヘルム二世は逆子で難産の末に生まれました。その直接の影響なのかどうかはわからないものの、生まれたときから左腕が不自由だったといいます。のちに、それを克服して馬を乗りこなせるぐらいにまでなったようです（義井博『カイザー』清水書院、一九七六年）。

　一八九〇年以降、ヴィルヘルム二世が世界を引っ掻き回します。そして六人の皇帝のなかでは一番後まで永らえました。一九四一年に八二歳で亡くなるまでのことは時間の流れに沿って徐々に語っていくことにしましょう。

　井伊直弼が不平等条約に不満な分子を安政の大獄で弾圧しているころ、五大国の一つのオーストリアが弱体化していました。ほどなく、プロシアに力関係で追い抜かれる予兆が現れていました。

なお、日本が最初に開国したアメリカでは、一八六〇年にアブラハム・リンカーンが大統領選に勝ち、そろそろ南北戦争が始まろうとしています。この国は五年に及ぶ内戦で、日本はもちろん、国際政治とは無関係の国になります。

息子が即位し、西太后がクーデターを起こす

さて、東アジアでは、清を舞台にまた一騒ぎありました。アロー戦争（第二次アヘン戦争）の結果として結ばれた天津条約批准のために、英仏の使節が清にやってきました。英仏が渤《ぼっ》海《かい》の港に着いたとき、清と衝突します。これで清と英仏による交渉は決裂です。

英仏軍との衝突が起きると咸豊帝はさっさと北京を脱出してしまいます。めざすは満洲人の〝父祖の地〟である熱河《ねっか》です。西太后も同行します。チャイナでは、危機には皇帝が真っ先に都を出て逃げるのです。

英仏軍は連合軍を送るものの、熱河まで攻め込むことはしませんでした。その代わりに北京の円明園《えんめいえん》で暴れ回ります。円明園とは清の康熙帝《こうきてい》の時代に作られた離宮で、乾隆帝の時代に改修増築され、名園として知られていたところです。そこで英仏軍はこれでもかとばかりに破壊と略奪を働きました。

英仏軍は、軍規正しくもなんともない凶暴な輩です。英仏軍の行為を正当化する気は毛頭ありません。しかし、チャイナのような大陸の国では、このときの英仏軍がやったように徹底的に叩かないと舐める傾向があるのも確かです。

略奪品のなかからヴィクトリア女王に贈り物がなされました。ちなみに、円明園はその後、英仏のみならず地元の中国人にもいろいろと持ち去られ、荒らされます。現在もその離宮ならぬ廃墟はそのまま残されています。

清は英仏軍に屈服させられます。咸豊帝は熱河に逃れたままで北京には戻ってきません。

清朝第9代・咸豊帝

実際に天津条約批准を完了したのは、咸豊帝の腹違いの弟の恭親王《きょうしんのう》でした。北京に残った恭親王が売国奴呼ばわりされながらも条約に署名しているとき、咸豊帝は熱河で演劇鑑賞三昧の日々を送っていました。

一八六一年、咸豊帝が結核で亡くなります。亡くなる直前、最後の最後まで演劇鑑賞にふけっていた皇帝でした。

咸豊帝が亡くなったのを受けて、西太后が生んだ載淳が即位します。同治帝です。六歳ですから、政治は誰かが代わりに行わねばなりません。このときに同治帝の正式な母である咸豊帝の皇后と生みの母の二人に「皇太后」の称号が贈られます。後に住んでいる場所から、それぞれ「東太后」「西太后」と呼ばれるようになります。

清朝第10代・同治帝

西太后は咸豊帝が亡くなった今、これまでのように咸豊帝の側近をのさばらせては幼い皇帝が危ないと、東太后、恭親王らとともにクーデターを起こします。辛酉《しんゆう》政変です。西太后らはクーデターに成功します。以後、西太后は東太后とともに垂簾聴政で実権を握り、政治に関与していくことになります。

ロシア皇帝は、西ヨーロッパの皇帝とは「別世界」

清で西太后の息子の同治帝が即位した一八六一年、ロシアでは皇帝アレクサンドル二世が農奴解放令を出して、上からの改革が試みられます。クリミア戦争で敗北を喫したロシアでは、近代化が必要だと考えられるようになったのです。アレクサンドル二世は、ニコライ二世の祖父です。

しかし、アレクサンドル二世の農奴解放令は、改革にはほど遠く中途半端に終わりました。農奴解放令で身分としての農奴はなくなったものの、土地が有償で払い下げられることになったので農奴の多くは土地を買うことができませんでした。うまくいくはずがありません。

ちなみに、アレクサンドル二世は農奴解放令を実際に出す五年前の一八五六年三月、クリミア戦争が正式に終結した直後、「いずれわれわれは農奴解放を認めねばならない……されば、下からよりも上から行なうほうがはるかによいのである」（ジョン・チャノンほか、桃井緑美子訳『地図で読む世界の歴史　ロシア』河出書房新社、一九九九年）と漏らしていました。典型的な理屈倒れでした。

ここでロシアの皇帝について少し触れておきましょう。

ロシアはヨーロッパだとはいっても、西ヨーロッパとはまったくの別世界だというのが大前提です。

権威と権力の分離に関して両者は大きく違います。

西ヨーロッパではローマ教皇が権威を持ち、皇帝が権力を持っているので権威と権力の分離があります。ところが、ロシア皇帝は東ローマ帝国の末裔、つまりビザンチン皇帝の末裔を名乗っているので、そこには権威と権力の分離がないのです。立憲君主制の対極です。ロシアの皇帝はパターナリズムという、父権主義的な関係で説明されることが多くみられます。

これでは、皇帝に能力があれば専制君主、なければ実力者の傀儡になるしかありません。

ロシアの伝統衣装をまとったエカテリーナ2世

権威と権力を一身に担った皇帝がいて、そのまわりに皇帝の取り巻き貴族がいて、その外側に、農奴をも含む圧倒的多数の庶民がいる。これがロシアという国の構造です。
庶民は皇帝の存在はあたかも父親のような、自分たちを保護してくれる存在だと考え、権威も権力も併せ持つ偉い人だと思っているわけです。であるがゆえに、多くの場合は庶民の不満は皇帝に向かうことなく、取り巻きの貴族に向けられるようになっています。皇帝をそのように捉えてはいても、万世一系に対する信仰などというものは欠片《かけら》もありません。それが証拠にエカテリーナ二世（在位一七六二年―一七九六年）という女帝などは、まったくの外国人です。ロシアの血が一滴も入っていない、ドイツ貴族の娘です。ロシア人とは何かと改めて問う必要があるでしょう。

宮廷も負けてはいません。ドイツかぶれとフランスかぶれが交互に見られるありさまです。上から下まで、細かいことは気にしない。そのあたりが大陸的といえば大陸的です。日本とは全然違います。

「一八六一年ごろの世界」を通覧する

一八六一年ごろの世界を通覧してみましょう。

ロシアの隣国はオーストリア。そのまた向こうのイタリアでは、独立運動が成就しました。

一八六一年、イタリア王国が建国されます。ただ、現在のイタリアとは違い、南チロル地方やイストリア半島周辺のトリエステなどがまだオーストリア領として残っている状態です。これがのちに〝未回収のイタリア〟と呼ばれ、紛争のもとになっていきます。

イギリスでは、皇婿《こうせい》殿下のアルバート公が腸チフスで亡くなります。四二歳でした。アルバート公を失ったヴィクトリア女王の悲しみはことのほか深く、ロンドンを離れて引きこもってしまいます。即位してから一度も欠かさなかった議会の開会式への出席も一八六二年、六三年、六四年と欠席するありさまです。

最初は女王に同情的だった世論も、女王はいつまで喪に服すつもりなのかと新聞をはじめ、あちらこちらで批判が出はじめます。その声は女王が君主としての務めを果たさないのであれば、王室は必要ないのではないかとの疑問の声に変わってもおかしくないところまできていました。イギリス王室存続の危機です。しかし、ヴィクトリア女王は姿こそ公には見せなかったものの日々の政務をこなし、外交に多大な関心を持って臨んでいました。

公の場に出るようになっても、ヴィクトリア女王のアルバートを失った痛みは癒えることが

ヴィクトリア女王とアルバート公（1861年）

なかったようです。アルバート公が亡くなってから以後四〇年間の国家的行事に、ヴィクトリア女王は黒い喪服しか着ませんでした（前掲君塚『ヴィクトリア女王』）。

プロイセンではヴィルヘルム一世が第七代プロイセン国王に即位しました。ヴィルヘルム二世の祖父です。

一八六二年。時代は欧州、そして世界を牽引したヘンリー・パーマストンの時代が終わりを告げようとしています。

パーマストンは、二度のアヘン戦争を主導するなど、東アジアにも多大な影響を与えました。

一八六二年の清では、近代化をめざして「洋務運動」が始まりました。洋務運動とは西洋の科学技術を取り入れて近代化を図ろうとする動きです。太平天国の乱を鎮圧した李鴻章ら漢人の官僚が始めました。ヨーロッパに物理的に敵わない以上は真似をしなければということで、具体的には軍事技術を導入したり、官営の軍需工場を建てたり、外国語学校なども建てたりしています。ただし、言うは易く行うは難しで、それらを取り入れるというのは大変なことなのです。結果を記しておくと、一八九〇年代まで続きますが、洋務運動は失敗しました。西太后が最初は洋務運動を支持しながらも、のちに阻害に転じたというのも失敗した原因の一つと見られています。

ビスマルク統一戦争――なぜオーストリアは普丁戦争に参加した？

目を西欧に転じると、オットー・フォン・ビスマルクの登場がヨーロッパに風雲急を告げます。ビスマルクはヴィルヘルム一世から、プロイセンの首相に任命されます。ビスマルクは強力な指導力を発揮し、五大国の末席を汚していたにすぎなかったプロイセンを、経済と軍事の両面で英露に並ぶ大国に押し上げていきます。

鉄血演説の頃のビスマルク

クリミア戦争では、イギリスの弱点が見えてきました。イギリス海軍は確かに強い。しかし、海軍の艦砲射撃が届かない場所であるなら、陸軍は怖くないと思われてしまったのです。そこでビスマルクは陸軍を作っておけばイギリスが攻めてこられないだろうと、陸軍強国の道を歩んでいきます。

一八六二年九月三十日、ビスマルクがプロイセン宰相に就任した直後、下院予算委員会で演説を行いました。のちにビスマルクが「鉄血宰相」と呼ばれるゆえんとなった、「鉄血演説」です。

この演説でビスマルクは、ドイツが直面している問題が解決されるのは「鉄と血によってであります」と断言しました。ドイツをめぐる問題を「鉄と血」、すなわち軍事力で解決しようといったわけです。ビスマルクの演説は予算案を通すために、わからず屋の政治家を説得しようとしたのでした。

ところが、ビスマルクの意図するところはまったく伝わりません。それどころか「鉄と血」というワードに過剰に反応した下院の自由主義者や世論の反発を招いてしまいます。これを発端に宰相ビスマルクの政府と自由主義者たちの争いは、このあと起こる普墺戦争が終わるまで続きます。この両者の争いは「プロイセン憲法紛争」と呼ばれています（大内宏一『ビスマルク』山川出版、二〇一三年）。

ちなみに、この時点での「鉄血演説」は単なる失言として扱われ、ビスマルクも慌てて皇帝に頼み込んで解任を免れました。

とはいうものの、ビスマルクはヴィルヘルム一世のもとで、プロイセン中心の小ドイツ主義によるドイツ統一に向けて動いていきます。

ヨーロッパで激動が始まるのが一八六四年です。

ビスマルク統一戦争が開始される年です。ビスマルク統一戦争とは、ビスマルクがドイツの統一に向けて仕掛けた普丁《ふてい》戦争、普墺戦争、普仏戦争の三つの戦争のことです。

最初が普丁戦争です。プロイセンとオーストリアが組んでデンマークに宣戦布告しました。まず、ビスマルクはデンマークを追い出しにかかります。プロイセンはデンマークとのあいだに複雑な国境問題を抱えていました。国境問題に付随して、本当はドイツに属さないはずのデンマークがドイツ連邦に参加していました。ビスマルクの狙いはデンマークとの国境を画定して、ドイツという枠組みからデンマークを追い出そうということです。プロイセンとオーストリアが勝って、デンマークの追い出しは成功しました。

それにつけても、理解に苦しむのはオーストリアの参戦理由です。なぜ、普丁戦争をプロイセンと一緒に戦ったのか。フランツ・ヨーゼフ一世にデンマーク相手に戦う明確な国家意思があるとはあまり思えないのです。というのは、このときのデンマークはプロイセン、ハプスブルクのどちらか一国にでさえ敵わないような国です。そうした国をプロイセンとハプスブルクの二国が一生懸命叩いて、何をやっているのか。フランツ・ヨーゼフ一世からすれば目の前の戦に勝ってはいるけれど、ビスマルクに騙された戦争だとしかいいようがないからです。

ナポレオン三世に騙された「メキシコ皇帝」の悲劇

騙されるのはフランツ・ヨーゼフ一世ばかりではありません。フランツ・ヨーゼフ一世の弟マクシミリアンもまんまと騙されます。兄はビスマルクに、弟はナポレオン三世に、揃いも揃って引っ掛けられてしまいました。

アメリカが南北戦争にかかりきりというときに、ナポレオン三世がメキシコに出兵します。メキシコではメキシコの革命家ファレスの反カトリックの自由主義的政権ができていました。メキシコに移住していたカトリックのフランス移民が本国フランスに出兵を要請してきていたのです（鹿島茂『怪帝ナポレオン三世』講談社学術文庫、二〇一〇年）。

ナポレオン三世のメキシコ出兵にはそれだけでなく、力をつけてきたアメリカを牽制しようという意味もありました。加えて、ナポレオン三世が常々考えていたヨーロッパ経済のための原料供給地をこの地に作るという理想もありました（ティエリー・ランツ、幸田礼雅訳『ナポレオン三世』白水社、二〇一〇年）。

そこへ、ナポレオン三世の皇妃ウージェニーの夢が拍車をかけます。ウージェニーは熱心

エドゥアール・マネ画「皇帝マクシミリアンの処刑」

なカトリック信者でした。メキシコの貴族の話にも影響されて、メキシコの地にカトリック大帝国を作りたいという夢が膨らんでいったのです（前掲『怪帝ナポレオン三世』）。

ナポレオン三世夫婦が夢見る帝国ができるかどうかも確定されないうちから、皇帝を誰にしようかと考え、白羽の矢が立ったのがフランツ・ヨーゼフ一世の弟マクシミリアンだったのです。ナポレオン三世がマクシミリアンにメキシコで皇帝をやらないかと持ちかけます。よせばいいのに、マクシミリアンはこの話に乗ってしまいました。マクシミリアンはメキシコに渡って皇帝になりました。皇帝がまた一人増え、皇帝のインフレはまだ続いています。

ナポレオン三世という人は実に陰謀が好き

で、その陰謀を成功させることには長けています。ところが、成功したあとで得るものがないのですから、その成功に何の意味があるのかということの繰り返しです。

マクシミリアンの可哀想な末路を先取りしておきましょう。

メキシコ皇帝になった三年後の一八六七年に、メキシコでファレスの軍に捕らえられ銃殺刑に処せられます。刑の様子をフランスの画家マネが「皇帝マクシミリアンの処刑」（一八六九年製作、ドイツ・マンハイム美術館蔵）に描いています。マクシミリアンは「顔だけは撃たないでくれ」と懇願したのに、容赦なく蜂の巣にされました。

弟マクシミリアンがナポレオン三世の詐欺に引っ掛かり、最後は銃殺されたのも、もちろんフランツ・ヨーゼフ一世の不幸の一つです。

パーマストンが没した日のヴィクトリア女王の日記

先取りした時間を少し戻して、一八六五年です。

イギリス首相のパーマストンが、在任中の一八六五年十月十八日に八〇歳で亡くなりました。ヴィクトリア女王はその日の日記に綴っています。

私たちも彼にはたびたび悩まされ、厭な思いもさせられた。だが彼も、総理としては大変立派な行動を見せてくれた。さてその彼もこの世を去り、話相手になり相談に乗ってくれた最愛のアルバートもこの世を去ってしまった。私だけが独りのこされたとは万感胸にせまる思いである！

（スタンリ・ワイントラウブ、平岡緑訳『ヴィクトリア女王』下、中央公論社、一九九三年）

ヴィクトリア女王、四六歳のときでした。

パーマストンは、日本にも影響を与えています。パーマストンは、クリミア戦争を主導しました。薩英戦争も、馬関戦争も、イギリス首相はパーマストンです。西暦一八六五年の日本は、長州で高杉晋作の功山寺決起が成功し、土佐の坂本龍馬が薩長同盟に動き、薩摩の西郷隆盛や大久保利通が呼応します。パーマストンから見れば視界に入らないような若者たちが、やがて極東の小国を大英帝国に匹敵する「ミカドの国」に押し上げていきます。

パーマストンの死で一つの時代が終わり、新たな時代へと確実に移っていきます。代わる主人公は、ビスマルクです。

普墺戦争──ビスマルクの思うがままのドイツ統一へ

この年、ビスマルクはナポレオン三世と会見します。ビスマルク統一戦争の第二弾、来る普墺戦争で、フランスに中立を密約させるためでした。フランスの介入を阻止しようというわけです。ビスマルクは自分が思い描くドイツ統一に向けて着々と手を打ちます。

ビスマルクがデンマークの次にドイツから追い出そうとするのが、オーストリアです。普丁戦争で味方として戦ったオーストリアに戦争を仕掛けます。

一八六六年、普墺戦争が勃発しました。

これまで見てきたように、オーストリアの弱さはここでも証明されました。プロイセンが圧勝します。たった七週間で決着がついたので「七週間戦争」とも呼ばれます。

七週間で終わったのはビスマルクが軍部を押さえ込んだ結果です。プロイセンの軍、参謀総長のモルトケなどは首都ウィーンを攻略するまで戦おうとしました。敵国の首都攻略というのは軍人として最大の栄誉だからです。しかし、ビスマルクはこれに反対しました。首都を陥落させるというのは相手にとって非常に屈辱的なことであり、不要な恨みを買うことになってしまうからです。

プロイセンは首都に迫る一歩手前で、講和条約を早期締結しました。オーストリアに対してヴェネチアを除いて領土の割譲を求めないなど、かなり寛大な条件での講和です。ビスマルクにとってはドイツ統一にオーストリアが入らないことさえ決めてしまえばよいので、それ以上オーストリアから恨みを買うようなことはしません。

また、戦争が長引けばフランスのナポレオン三世が介入して、ドイツ統一を邪魔するに決まっています。ナポレオン三世のそうした動きを牽制するためにも講和の早期締結が必要でした。なにしろ、フランスはドイツ統一の最終的な敵だからです。

ちなみに、このときの参謀総長モルトケは〝近代ドイツ陸軍の父〟とも呼ばれる「大モルトケ」です。のちの時代になって、第一次世界大戦でドイツ軍の参謀総長として活躍するモルトケは「小モルトケ」と呼ばれ、大モルトケの甥です。

普墺戦争の結果、ドイツの枠組みが変わっていきます。

戦争に勝ったプロイセンが中心となり小ドイツ主義の方向でまとまっていきます。一八一五年以来のドイツ連邦が解体され、北ドイツ連邦が成立します。プロイセンが普墺戦争に勝つと、ドイツ連邦に入っていた国は皆、北ドイツ連邦に入れてくれとやってきました。しかし、北ドイツ連邦はオーストリアを排除しただけでなく、バイエルンより南の国も入れません。

ドイツ連邦が国家連合であったのに対して、北ドイツ連邦は「プロイセンを中央に置いた集権的な連邦制国家」（メアリー・フルブロック、高田有現、高野淳訳『ドイツの歴史』創土社、二〇〇五年）という性格でした。この北ドイツ連邦が、のちのドイツ帝国に発展していきます。

普墺戦争でプロイセンがオーストリアを倒したあと第一次世界大戦まで、プロイセンとオーストリアは運命共同体になっていきます。なにしろ、フランスが敵ですから。運命共同体といっても、ビスマルク自身が手綱を握ってコントロールします。まさに、「馬と御者」の関係です。

ビスマルク統一戦争の仕上げ、普仏戦争については次章で見ることにします。

明治維新はギリギリまでどう決着するかわからなかった

ヨーロッパでの動きが慌ただしく、ビスマルクの時代になったとき、日本は幕末も終わろうとしていました。

慶応二年十二月二十五日（西暦では一八六七年一月三十日）、孝明天皇が崩御します。三六歳の若さでした。

死因は天然痘だといわれています。崩御のときの孝明天皇の容体の急変もあり、また政情不安の時期が時期なだけに暗殺説があります。では、暗殺したのは誰かといえば、名前がよくあがるのが岩倉具視です。しかし、岩倉具視は蟄居中でした。岩倉が自分の妹を使って、孝明天皇を天然痘に感染させたのではないかといった、いわば〝天然痘テロ〟説まであります。天然痘が暗殺に使えるかどうかについては、物理的には可能だそうです。とはいうものの、孝明天皇の死が天然痘による暗殺だと断定できる証拠はどこにもありません。また、ヒ素説も有力ですが、今のところ暗殺説には決定的な証拠がありません。

なぜ、そのような説が出てくるのかを知るためにも、幕末の状況を今一度確認しておきましょう。後世の私たちは徳川幕府が倒れ、薩長中心の新政府ができ、明治維新が成ったことを知っています。だからというべきか、薩長が一方的に幕府を追い詰めていった印象を持ってしまうかもしれません。しかし、その印象は、後世の思い込みにすぎません。

一八六七年の孝明天皇崩御の時点まで、薩長が優勢だったことは一度もないのです。徳川幕府は第二次長州征伐中に将軍家茂が死去したことで、征長を中止するというミソをつけただけでした。事実上、第二次長州征伐は幕府の敗戦です。しかし、朝廷は孝明天皇をはじ

徳川慶喜（1867年）

め、中川宮《なかがわのみや》、関白の二条斉敬《にじょうなりゆき》（慶応三年に明治天皇の摂政になる）など、上の人たちやお公家さんたちは一橋慶喜《ひとつばしよしのぶ》の仲間です。それに対して、薩長を応援する人たちはいないのに等しいぐらいです。基本的には皆慶喜派なのです。

薩摩の代理人のような岩倉具視は謹慎中ですし、長州の代理人的存在として三条実美は追放されていますし、長州そのものが逆賊です。薩摩と仲がよいのは公家では元関白の近衛忠熙《このえただひろ》ぐらいです。孝明天皇以下親慶喜派が優勢なこともあって、長州征伐での敗戦は幕府側に思ったほど影響はしていません。

では、頑として攘夷を譲らなかった孝明天皇の崩御で、翌年慶応三（一八六七）年に一直線に明治維新ができているのかというと、そんなことはありません。慶喜と薩長のシーソーゲームが続きます。慶応三年の王政復古の大号令までは慶喜優勢で進み、そこから慶喜と薩長のシーソーゲームになります。そして翌年（慶応四／明治元年、一八六八年）の鳥羽伏見の戦いで薩長が逆転します。逆転するまでのシーソーゲームを繰り広げるあいだでさえ、どこかで薩長が優位に立った瞬間はないのです。幕末の逆転するに至るまでのシーソーゲームの詳細は小著『工作員・西郷隆盛』（講談社、二〇一七年）を参照いただければと思います。

明治維新が成るまでの経過を見れば、頑なに攘夷を唱え、慶喜に肩入れする孝明天皇を暗殺したい気持ちはあったかもしれませんが、それを実行に移すのは、あまりにもリスクが大きすぎます。

この章では、明治天皇が生まれた嘉永五（一八五二）年から、孝明天皇崩御の慶応二（一八六六）年までの世界の動きを詳しく追ってきました。

これまで登場した四人の皇帝を、大きな流れとして整理しておきましょう。

ヨーロッパで起きていることが清にやってきて、日本がそれによって動かされる状態です。

イギリスのヴィクトリア女王は喪に服していて、王室の危機も囁かれるようになっています。もう一つの超大国であるロシアをも押さえつけていたパーマストンが世を去り、時代は新興大国プロイセンの宰相ビスマルクが牽引していくこととなります。

そのビスマルクに普墺戦争で敗れたオーストリア帝国のフランツ・ヨーゼフ一世は、弟もナポレオン三世の口車で失います。この人物に押し寄せる不幸の序曲です。

清の西太后は国が傾くたびに権力を握っていきます。

そして、明治天皇は一六歳にして幕末の激動に直面します。

日本はいよいよ明治時代に入り、今まさに世界史の舞台に躍り出ようというところです。

第二章　めざすは立憲政体――文明国への道

「大政奉還」は徳川慶喜の深謀遠慮だったが……

明治天皇が少年から青年へと成長していくように、日本も数々の試練を乗り越えて近代国家へと歩んでいきます。

慶応二（一八六六）年十二月二十五日の孝明天皇の崩御後、二十七日に皇太子睦仁（明治天皇）の践祚《せんそ》が決まり、翌年、慶応三（一八六七）年一月九日に践祚の儀が行われました。

践祚とは皇位継承の際に前の天皇から次の天皇に皇位のしるしとされる剣璽《けんじ》（いわゆる三種の神器）を渡す儀式のことで、剣璽渡御《けんじとぎょ》ともいいます。三種の神器とは八咫鏡《やたのかがみ》、草薙剣《くさなぎのつるぎ》、八尺瓊勾玉《やさかにのまがたま》のことです。厳密にいうと、剣璽とはそのなかの草薙剣と八尺瓊勾玉を指します。

践祚するにあたって、明治天皇はまだ元服の儀を終えていませんでした。元服前の践祚でした。このような元服前の践祚、童形《どうぎょう》（結髪していない少年の姿）践祚は光格天皇の先例によるとのことです（宮内庁『明治天皇紀』第一、吉川弘文館、一九六八年）。時は激動の幕末、暢気《のんき》に元服してから践祚、などと待っていられない時代なのです。

未来を知る我々は、徳川慶喜の後ろ盾だった孝明天皇の崩御で維新へと一気に進んだと思いがちです。しかし、前章末でも述べたように、この時点で朝廷は親慶喜派が圧倒的で、討幕など思いもよらないのです。

この年の十月十四日、慶喜は大政奉還します。慶喜は政権を朝廷に返したところで、どうせ朝廷は行政を担当してきた官僚機構と最大の軍事力を持つ自分を頼って泣きついてくるはずだと読んでいたのです。孝明天皇がいなくなったのをいいことに岩倉具視や大久保利通は討幕の密勅を引き出そうとしていましたが、慶喜は先手を打って大政奉還して密勅を空振りさせ、逆に主導権を奪ったのです。

岩倉具視

政権を渡された朝廷は困りました。源頼朝以来七〇〇年、朝廷は現実の政治を担当していませんから何もできません。

岩倉と大久保は逆襲します。十二月九日、小御所会議が開かれます。明治天皇も臨席しました。冒頭から山内容堂（豊信）と岩倉具視の怒鳴り合いです。山内容堂は泥酔して会議に参加し、徳川慶喜を朝議に呼ぶべきだと主張します。

慶喜、祖先以来の覇業を抛ちて大権を奉還す、其の功実に大なり、然るに二三の公卿、幼冲の天子を擁し、陰険の挙を行はんとし、全く慶喜の功を没せんとするは何ぞや

（前掲『明治天皇紀』第一、以下同じ）

二三の公卿とは、慶喜の参加を拒んだ大原重徳や岩倉のことです。面と向かって罵倒された岩倉は即座に、

今日の挙は一に皆聖断に出でざるはなし、何ぞ其の言を慎まざるや

と責め立てます。誰がどう考えても一六歳の明治天皇の発意であるはずがないのですが、建前は天皇親政です。岩倉が気魄《きはく》で容堂を押し切りました。

ちなみに、そのときの明治天皇がどのような反応を見せたかは『明治天皇紀』にも『岩倉公実記』にも記されてはいません。

こうして「王政復古の大号令」が出されます。ただし、これで慶喜側も黙って引き下がるわけではありません。

慶喜は大政奉還した後も仏米英蘭普伊六カ国の公使を大坂城に集めて「始終の交際を全するハ余か任にある事なるハ諒せらるへし」（慶応三年十二月十六日　外交史料館『幕末へのいざない』展示史料「大政奉還後も幕府が外交事務を行うことを伝える徳川慶喜の答諭」）と宣言します。これからも外交権は自分にあるとの意味です。諸外国に自分が国家元首（ヘッド・オブ・ステイト）だと宣言しているのです。

二重帝国がさらに三重帝国に？——オーストリア

日本の国内も揺れていれば、ヨーロッパも揺れています。

イギリスでは、かのパーマストンが亡くなったあとの数年間は短命政権が続きました。パーマストン内閣のすぐあとの第二次ラッセル内閣（一八六五年）が約八カ月、その次の第三次ダービ内閣（一八六六年）が約一年七カ月、続く第一次ディズレーリ内閣（一八六八年）が約一〇カ月でした。このときのイギリスは二大政党制になっていく過渡期でした。産みの苦しみを目のあたりにするようです。ヴィクトリア女王は、いまは亡きアルバートを想い、国政に関心を示していないなかでの出来事です。

一八六七年四月、普墺戦争で勝ったプロイセンを中心にして、北ドイツ連邦が成立しました。

負けて北ドイツ連邦から排除されたオーストリア帝国は、国の内外で受難が続きます。帝国内ではハンガリーがさらなる自治権を要求してきました。弱っているハプスブルクは足下を見られています。フランツ・ヨーゼフ一世は軍事と外交及びその二つに関わる予算以外はすべてハンガリーに渡しました。帝国政府として、オーストリアとハンガリーに共通する大臣はたった三人です。軍務大臣、外務大臣、そして大蔵大臣です。外務大臣が首相を兼ねます。共通の役所もその三つしかありません。裁判所や議会など、あとのことはすべてハンガリーが独自にやってよいことになったのです。そういう状態を二重帝国といいます。オーストリア帝国の皇帝フランツ・ヨーゼフ一世が、ハンガリーで国王として戴冠しました。

一八六七年六月、オーストリア＝ハンガリー二重帝国の成立です。

ハンガリーは二重帝国を要求しながらも帝国内に留まり、自分たちが優位に立ったことを利用します。すなわち、帝国内の他の民族に対して自分たちがやられてきたことをやるのです。

ハンガリーに二重帝国を許せば、帝国内のほかの民族も同じような要求をしはじめます。今度はハンガリーに対してチェコとスロバキアが要求します。すなわち、三重帝国にしろということです。帝国内が際限なく分裂していくのを、フランツ・ヨーゼフ一世は皇帝としてまとめなければならない立場です。

ちなみに一八六七年九月、カール・マルクスの『資本論』第一巻が刊行されました。以後、現代に至るまで社会主義運動に多大な影響を及ぼすことになる不吉な出来事です。

近代日本の重要な精神的支柱「五箇条の御誓文」

年が改まり、慶応四（一八六八）年です。

日本の新年は、戊辰戦争で幕が開きました。慶喜は地力を利用して長期戦に持ち込めば新政府は弱点を露呈するだろうと読んでいたのですが、大久保利通は徳川を挑発し、武力決戦に持ち込みました。正月三日に始まる鳥羽伏見の戦いです。徳川軍は、新政府軍の三倍の兵力を率いて進軍してきます。

これに対して新政府は、岩倉具視の宮廷工作が功を奏し、錦の御旗を翻らせました。その瞬間、徳川軍は潰走を始めます。真っ先に逃げたのは慶喜です。戦意をなくした慶喜は江戸

五箇条の御誓文（有栖川宮幟仁親王御筆）

に逃げ帰り、降伏しました。

内戦は翌年の明治二（一八六九）年の六月まで続きますが、以後は掃討戦です。新政府軍の中心は薩摩と長州でしたが、土佐は国主の山内容堂の意向に反して板垣退助が独断で参戦し、鳥羽伏見以後は肥前もはせ参じます。新政府は薩長に土肥を加えた四藩が中心となります。

なお、このとき、官軍、幕府軍の両軍が外国を引き入れてまで戦わなかったことが、結果として日本を外国の侵略から守りました。

戊辰戦争が戦われているあいだも着々と国作りは行われていきます。

一月十五日、明治天皇の元服の儀が執り行われました。数え年一七歳での元服でした。同時に六カ国の公使に国書が渡され、王政復古が通達されます。元服の儀を終えた明治天皇は公務を行っていきます。フランス公使、オランダ代理公使、イギリス公使らを次々と引見しました。父の孝明天皇が攘夷を唱えていたのとは、まったく異なります。

三月十四日、五箇条の御誓文が出されました。

五箇条の御誓文は明治天皇が皇祖（初代神武天皇）皇宗（歴代の天皇）に誓うという重みを持ちます。その五箇条の御誓文に謳われた「万機公論に決すべし」を根拠として、のちに議会制度が創設されることになります。五箇条の御誓文は近代日本がめざすところの指針であり、精神的支柱となっていきます。五箇条の御誓文が日本にとってどれだけ重要なものであるか。小著『帝国憲法物語』（ＰＨＰ研究所、二〇一五年）も併せてお読みください。

英露のグレート・ゲームを目前に、皇室は新儀の連発

五箇条の御誓文を出したあとすぐ、明治天皇は大坂に親征し海軍を親閲します。日本における最初の観艦式です（米田雄介編『明治天皇とその時代――『明治天皇紀附図』を読む』吉川弘文館、二〇一二年）。軍人としての天皇が意識されていきます。

明治天皇はどんどん、日本の伝統的な公家としての天皇ではなくなっていきます。

明治政府は新儀の連発です。さすがに、英露がグレート・ゲームを展開しながら日本の目の前まできているこの状況では、先例だけを守っているわけにはいきません。あらゆる新儀

を「神武創業の精神」を先例にして断行していきました。

俗に「幕藩体制」といわれます。鳥羽伏見に始まる戊辰戦争で、新政府は幕府を倒しました。しかし、全国の藩はそのままです。全国の藩は各々が年貢を取り、特に幕末は勝手に黒船を作ったり、軍隊を作ったりしていました。そのようなことをそのまま続けていればインドがイギリスにやられたのと同じ目に遭うわけです。インド国内がバラバラで、そこを狙い撃ちされて、イギリスに支配されるようになったという情報はとっくに日本に入ってきていたのです。それを他山の石として、ではどうすればよいかと模索します。

まず、税です。年貢米で納めていたのでは、経済が米の収穫高に左右されます。そもそも、通貨と違って保存性がありません。ということは交換性に不向きです。等々、あげていけばキリがない理由で、米で収める代わりに銭で収める、金納にするとしました。

次は軍隊です。各地で個々に軍隊を作っていたのでは、軍隊としての統制がとれず、機能しません。そこで、東京（明治元年七月に江戸が東京と改称される）一箇所に税金を集め、その金で国軍（帝国陸海軍）を作ろうと考えました。それを可能にする、一つの強い中央政府を作ろうとするわけです。

強い政府のもとに、東京に税金を集めて国軍を作る。それを達成するには全国を統合しなければなりません。統括する機関が必要になります。そのためにできた役所が内務省であり、大蔵省です。

大名に忠誠を誓う藩の軍隊ではなく、日本国民をまとめあげた国軍を作るためには全国を統合しなければなりません。しかも、できるだけ早急に。それを成し遂げるために、明治天皇は全国を巡幸しました。天皇の全国巡幸は国民統合の象徴なのです。実際、全国で大歓迎されました。

九七回に達した明治天皇の地方巡幸

明治天皇の巡幸について少し触れておきましょう。明治天皇の地方巡幸は実に九七回に達し、そのうち以下の六回は六大巡幸と呼ばれています。

一　近畿中国九州行幸　明治五（一八七二）年五月二十三日～七月十二日
二　奥羽御巡幸　明治九（一八七六）年六月二日～七月二十一日
三　北陸東海御巡幸　明治十一（一八七八）年八月三十日～十一月九日
四　山梨、三重及京都行幸　明治十三（一八八〇）年六月十六日～七月二十三日

卸巡幸録』〈福島県教育会編〉より）

五　山形秋田及北海道行幸　明治十四（一八八一）年七月三十日～十月十一日

六　山陽道御巡行　明治十八（一八八五）年七月二十六日～八月十二日

巡幸に伴い、各地を記録撮影するために写真師が随行したとのことです（明治天皇聖蹟保存会編『明治天皇行幸年表』大行堂、昭和八年による）。六大巡幸でさえ立てつづけに、それも一回一回が長期にわたっています。その合間合間にほかの巡幸もなされます。

一つの国（State）に、一つの国民（Nation）。これが国民国家です。明治新政府がやろうとしたのは、日本を強い国民国家にして西洋列強に対抗することです。国民国家に必要なことは、

御巡幸御行列之図式（『明治天皇

「我々は日本国民だ」という意識です。薩摩人でも長州人でも会津人でもなく、一人ひとりが日本国民であると思えること。朝鮮人、清国人でもなく、イギリス人、ロシア人でもない。日本国民であるという意識です。だから、積極的に天皇の巡幸が行われました。結果、「日本国とは天皇に忠誠を抱く日本国民の国」という意識が芽生えていきました。

なお、程度の差こそあれ、ヨーロッパでも君主は全国行脚します。オーストリア＝ハンガリー二重帝国になったあとも、フランツ・ヨーゼフ一世はあちらこちらに出かけます。一八六八年六月、ベーメン（ボヘミア）の首都プラハを訪れたフランツ・ヨーゼフ一世を待っていたのはチェコ人の冷ややかな態度でした。フランツ・ヨーゼフ一世の巡幸は後ろ向きで、他民族（Nation）が離反しないように気配りせざるをえなかったのです。

一八六八年の日本には、新しい時代を迎える出来事が次々と用意されています。

元服を終えた明治天皇が八月二十七日、即位の礼を行いました。詔《みことのり》によって皇位を継いだことを知らせます。九月八日、「明治」と改元されます。一八六八年は慶応四年として始まり九月八日に明治と改元され、その年の一月にさかのぼって明治元年となりました。明治時代の幕開けです。

改元に伴い、一世一元の制が定められました。これも新儀です。これまでは天皇一世の在位のあいだに元号が複数回改められるのも、ごく普通のこととして行われていました。それを天皇一世のあいだは、ただ一つの元号を使うとしたのです。

改元後の九月二十日、京都を出発して東京行幸です。明治天皇は歴代天皇のなかで、太平洋や富士山をおそらく初めて見た天皇です。

十月十三日に江戸城に到着し、十二月二十二日には京都に還幸です。

そして十二月二十八日、一条美子《いちじょうはるこ》が入内し、皇后に立てられました。のちの昭憲皇太后です。明治天皇と皇后とのあいだに子供は生まれませんでした。明治天皇は五人の側室とのあいだに皇子五人、皇女一〇人を授かります。しかし、そのうち四人の皇子と六人の皇女は夭折しています。皇子で成人を迎えたのはのちの大正天皇ただ一人でした。

ロシア最後の皇帝・ニコライ二世、生まれる

ちなみに一八六八年、ロシアの最後の皇帝となるニコライ二世が生まれています。ニコライ二世の母マリアはデンマーク王クリスチャン九世の第二王女です。ニコライ二世の母マリアと、ヴィクトリア女王の皇太子エドワード（ヴィクトリア女王のあとの国王エドワード七世）の妻アレキサンドラは姉妹です。皇太子エドワードと皇太子妃アレキサンドラのあいだにジョージ五世（ヴィクトリア女王の孫、父エドワード七世の次の国王）が生まれます。つまり序章でも述べたとおり、ロシアのニコライ二世と英国のジョージ五世と、そしてドイツのヴィルヘルム二世（母がヴィクトリア女王の長女）は皆従兄弟どうしです。のちに起こる第一

ニコライ皇子と母マリア・フョードロヴナ（1870年）

次世界大戦が「いとこどうしの戦争」と呼ばれるゆえんです。

明治天皇がヴィクトリア女王に贈った御製

年が明けて明治二（一八六九）年三月、明治天皇は二度目の東京巡幸を行います。そうこうしている間の六月には、戊辰戦争が終結しました。

内戦が収まった明治の日本が、世界の大国から初めての王族を迎えることになりました。八月にイギリスからヴィクトリア女王の次男アルフレッド王子が横浜に着き、明治天皇に謁見しました。明治天皇はアルフレッド王子をとおしてヴィクトリア女王に宸筆《しんぴつ》の御製を贈っています。

世を治め人をめくまは〔恵〕天地の
　ともに久しくあるへかりけり

（宮内庁『明治天皇紀』第二、吉川弘文館、一九六九年）

同じころ、海の向こうのフランツ・ヨーゼフ一世も帝国内の情勢を視察しています。このときはクロアチアを皇后シシィとともに訪れました。チェコを訪ねたときとは違って、クロアチアの議会からは訪問を歓迎されています（前掲『フランツ・ヨーゼフ』）。

普仏戦争に高い関心を示された明治天皇

年が変わって一八七〇年、プロシアのビスマルクがまた動きました。普仏戦争です。このときオーストリアは中立でした。中立ということは事実上プロイセンの味方だということを意味しています。

戦争はプロイセンの圧勝に終わり、ビスマルク時代が確定していきます。

この普仏戦争をめぐって、二人の若者が西と東でそれぞれに関心を持っていました。一人はプロイセンの皇帝になる前のヴィルヘルム二世、そしてもう一人は明治天皇です。

プロイセンの、のちのカイザーことヴィルヘルム二世は普仏戦争の前年（一八六九年）一〇歳の誕生日を迎え、陸軍少尉に任官されています。軍隊に入隊するのはプロイセン王室の習わしでした。軍隊に入っていたヴィルヘルム二世は普仏戦争に従軍を希望します。しかし、まだ年少だという理由で拒否されます。ヴィルヘルム二世は年齢が届かず、従軍拒否にあって相当悔しい思いをしたようです。ちなみに、ヴィルヘルム二世はその後、皇帝になる前に少将まで昇進しています（前掲『カイザー』）。

明治天皇も戦場からは遠く離れた日本で、普仏戦争に多大な関心を示していました。明治天皇の侍従の一人であった高島鞆之助《とものすけ》が語るところによれば、普仏戦争の最中、明治天皇はその戦況を詳細に調べ、両軍の戦略についてまで質問して、研究するのを日課のようにしていたそうです。

さらに、こんなエピソードも伝えています。普仏戦争開戦後間もないころ、ドイツの軍艦が横浜に寄港した際に、艦長が普仏戦争の写真を一枚献納したそうです。艦長がその写真の説明を申し出ました。艦長の話は両軍のその日の戦略から戦争の結果にまで及び、明治天皇はそれを最初から最後まで非常に興味を持って聞いていたといいます（高島鞆之助「神武以來の英主」『太陽』Vol.18 No.13、一九一二年、臨時増刊『明治聖天子』所収）。

また、明治五（一八七二）年四月七日にはドイツの弁理公使が、ベルリンで行われた普仏戦争凱旋祝祭の写真を奉献しました。明治天皇は弁理公使からその写真の説明も受けています（前掲『明治天皇紀』第二）。

普仏戦争の結果、ビスマルク率いるプロイセンはドイツを統一します。普仏戦争でのプロイセンの勝利は、日本にも影響を与えました。

アントン・フォン・ヴェルナー画「ドイツ帝国成立宣言」。壇上にヴィルヘルム1世、中央にビスマルクの姿が見える

日本陸軍は最初フランス陸軍を真似ようとしました。しかし、フランスが普仏戦争に負けたことから、ビスマルクのほうが羽振りがいいではないかということで、フランス型からドイツ型に徐々に徐々に切り替わっていったのです。

軍事だけではありません。法律もフランスの影響が残っていたのが、ドイツに影響されるようになっていきます。医学をはじめ、理系の分野は軒並みドイツに倣います。ドイツの影響は理系だけに留まりません。歴史学も実はドイツからです。第二次世界大戦後はアメリカの影響を受けることが多くなったなかで、今の日本の歴史学はドイツのランケ歴史学の影響が色濃く残っています。

明治天皇は普仏戦争が起きた明治三（一八七

〇）年ぐらいになると、国事に強い関心を抱く青年君主になっていきました。

陸軍大臣や枢密顧問官などを務めた高島鞆之助によれば、明治天皇は普仏戦争にだけ関心があったわけではなかったようです。明治天皇のそばに仕えるようになった武士出身者たちと普段から夜遅くまで話し込むことがままあったそうです。そうしたときの話は武張った話や洋の東西を問わず各国の「治乱興亡の跡」に関することで、明治天皇は多大な興味を持って各国の興亡の原因などを熱心に質問していたとのことです（前掲「神武以來の英主」）。

高慢で、心がぞっとするほど冷たい――少年ヴィルヘルム二世

一八七一年、一月十八日、ドイツも新しい国として出発します。正式にドイツ帝国が成立しました。

普仏戦争で勝利を収めたプロイセンがパリに入城し、プロイセン国王のヴィルヘルム一世（カイザーことヴィルヘルム二世の祖父）がドイツ帝国皇帝に即位します。ドイツ皇帝の戴冠式がよりによってパリで行われました。

ヴィルヘルム二世が帝位を受け継ぐまでにはまだ時間があります。なにしろ、このころは従軍も拒否されるぐらいのまだ一〇歳の子供でしたので。

ヴィルヘルム二世は両親の自由主義的な教育方針で、一二歳に達すると一般の家庭の子供が通う小学校で学びました（村島靖雄『カイゼル・ヴィルヘルム二世』鍾美堂、一九一四年）。一五歳からはこれもまた一般のギムナジウムに通います。「周囲の反対を押し切って」の進学でした（菊池良生「『世界で最も力のある玉座』に君臨した〝裸の王様〟素顔のヴィルヘルム二世」学習研究社、二〇〇八年、『図説第一次世界大戦　上』所収）。

反対していた〝周囲〟の代表は祖父のヴィルヘルム一世とビスマルクです。ギムナジウムとはドイツの中等教育機関のことです。ヴィルヘルム二世が生まれたホーエンツォレルン王家では一般の子供たちと一緒に学ぶというのは初めてのことでした。

ヴィルヘルム二世はギムナジウムで学ぶかたわら、家庭においても傅育官《ふいくかん》による「超」がつくほどのスパルタ教育を受けていました。そうした教育の成果はどうであったか。ヴィルヘルム二世の母ヴィクトリアに語ってもらいましょう。ギムナジウムを修了したときの息子をこの

15歳頃のヴィルヘルム2世（1874年）

ように評しています。

ヴィルヘルムには謙虚さ、善意、配慮が欠けており、彼は高慢で、エゴイスティックで、心がぞっとするほど冷たい

（前掲「『世界で最も力のある玉座』に君臨した〝裸の王様〟」）

本人の持って生まれた資質ももちろんあるでしょう。それでもやはり、教育の影響は見逃せません。

「文明国」と認められるために丁髷を切る

明治四（一八七一）年。明治天皇は数え年で二〇歳です。

またまた新儀が一つなされます。大臣、参議らに「服制更革の内勅」が出され、翌年には新服制が発布されました。官僚などの礼服に洋式が取り入れられました。

新政府の最重要課題は、不平等条約の改正です。そのため、「文明化」を推し進めようとしました。なかには行きすぎたものもありましたが、明治の指導者たちは必死でした。その

一つが洋装です。当然、保守的な公家は抵抗します。

ところが意外なことに、丁髷《ちょんまげ》を切るのには、あまり抵抗がありませんでした。なぜならば、丁髷自体が面倒だからという単純な理由で、やらなくてよいと思うからです。それでも島津久光のように一生丁髷を切らなかった人もいるわけです。ましてや、服装を全部変えるなどというのは新儀そのものです。どこにも先例がありません。でも、断行しました。

岩倉具視はのちに遣欧使節団として日本を発つとき（明治四／一八七一年十一月十二日）は丁髷を結い、和装でした。しかし、アメリカに着いてしばらくするうちに丁髷を切り落とし洋装に切り替えました。公家の代表である岩倉が丁髷を落としたことは、象徴的でした。有名な岩倉の写真は、短髪です。「ザンバラ頭」と呼ばれました。

ちなみに、明治天皇自身は数え年二二歳の明治六（一八七三）年三月に断髪しています。朝、出かけるときはいつものように髪を結っていたのが、帰ってきたときは散髪姿だったので、女官たちもみんな驚いたということが宮内庁『明治天皇紀』第三（吉川弘文館、一九六九年）に記されています。

新儀だけれども、断行する。西洋に文明国と認められなければならないからです。ある意味滑稽ですが、必死でした。

明治四（一八七一）年も、多くの改革を行いました。

八月一日には宮中大改革です。それまでの女官に代わって、薩摩、土佐などの士族が明治天皇を取り巻き、主導権を握ることになります。

十一月十七日には大嘗祭《だいじょうさい》が旧江戸城内で行われました。大嘗祭は天皇の即位後初めて行う新嘗祭《にいなめさい》のことです。新嘗祭はその年の収穫を祝い、翌年の豊穣を願って毎年行われます。大嘗祭は天皇一代に一度しか行われません。

大嘗祭が行われたことで、ぎりぎり先例に則ってはいます。しかし、明治天皇の大嘗祭ははじめ京都で行われる予定でしたが、実際は東京で行われました。大嘗祭が京都ではなく東京で行われたことで、東京が首都であるという認識になっていきます。正式な遷都の令が出されていないにもかかわらず、です。

「明治天皇の影法師」徳大寺実則、侍従長になる

ここで、明治天皇を生涯にわたって支えた一人の人物を紹介しましょう。徳大寺実則《さねつね》です。実弟の西園寺公望は総理大臣をはじめ何度も大臣を務め、最後の元老として有名です。それに対して徳大寺は、明治天皇の影法師のような存在です。しかし、明治天皇の生涯を語

るうえで、欠かせない人物です。

生まれは天保十年十二月六日（一八四〇年一月十日）、明治天皇より一二歳年上です。明治四（一八七一）年に宮中入りして、八月には侍従長に就任。これは二年でいったんやめますが、十月からは宮内卿として宮中一筋の人生を歩みます。控えめで穏やかな性格で、幼少のときから激しい性格だった明治天皇と生涯にわたり気が合いました。

徳大寺実則

東京遷都も、徳大寺が実務を取り仕切っていました。

明治天皇は写真嫌いだったのですが、徳大寺が隠し撮りしたときだけは許したとの挿話が残されています。それほどの信頼関係でした。あえていうなら、「心を許した唯一の友」でしょうか。

十二月十七日、宮内省から明治天皇がこれより食肉されることが公式に発表されました。それまでは世間一般でも食肉は表向き禁忌だったわけですから、画期的なことです。

なお、本書では明治天皇と徳大寺の逸話について、ドナルド・キーン『明治天皇』上・下（角地幸男訳、新潮社、二〇〇一年）、同『明治天皇を語る』（新潮新書、二〇〇三年）、伊藤之雄『明治天皇』（ミネルヴァ書房、二〇〇六年）、西川誠『明治天皇の大日本帝国』（講談社、二〇一一年）を大いに参照しました。

さて、明治天皇だけが新儀を行っていたわけではありません。日本国内では廃藩置県が行われ、岩倉具視らの遣欧使節団が米国、欧州の視察に向けて出発します。使節団に関連したことはあとで少し触れることにします。

ヨーロッパに目を向けてもこの年は時代が変わっていく動きが見てとれます。フランスでは三月にパリ・コミューンが成立するものの、五月には鎮圧され壊滅しました。ドイツ帝国では四月に帝国憲法が発布されます。イギリスでは労働組合法が制定されています。

一八七二年九月、明治天皇汽車に乗る

翌年も日本の新儀は続きます。

明治五（一八七二）年九月、新橋・横浜間に我が国初の鉄道が開通します。明治天皇は九月十二日の開業式に出席し、新橋駅から横浜まで汽車に乗りました。

鉄道の敷設は国全体の発展に欠かせないものです。現代において途上国などに見られるよ

うに、移動の速さや効率だけを重視して旅客機で空港から空港という点から点への移動手段しかない場合、素通りされてしまう地域は発展から取り残され、結局国全体の発展の足を引っぱることになってしまうのです。ちなみに、清では洋務運動の最中の一八七六年に、中国初の鉄道がイギリスの会社によって開設されましたが、二年後には撤去されました。激しい反対があったからです。鉄道が再び敷設されるのは一八八〇年代になってからのことでした。

六月、明治天皇の侍従として山岡鉄舟（鉄太郎）が迎えられました。鉄舟は旧幕臣で、いわば朝敵だった人です。勝海舟と西郷隆盛の会談に向けて大きく貢献し、江戸無血開城につながる働きをしました。西郷隆盛に宮中にきてほしいと請われ、鉄舟は快諾しています。ただ、引き受けるにあたり二つの条件を出しました。一つは、その期間を一〇年と限定すること、もう一つは鉄舟自身が宮内省の高官には就かないことでした。「あくまでも鉄太郎個人として直接に接することを望んだ」（佐藤寛『山岡鉄舟　幕末・維新の仕事人』光文社新書、二〇〇二年）と見られています。明治天皇が三〇歳になるまでの一〇年間です。鉄舟に侍従職の辞令が出たのは明治五（一八七二）年六月十五日のことでした。

鉄舟の「幾度か不敬を覚悟で帝を諫める」（同前）こともあったという教育によって、天皇なのに軍人になるという素地ができていきます。

たしかに、軍人皇帝・明治天皇は見るからに威厳の塊でした。

さて、新儀のとどめは太陽暦の採用です。旧暦明治五年十二月三日を明治六年一月一日としました。明治六年からは西暦の一八七三年に合わされます。旧暦だと閏月《うるうづき》が生じるので一三か月分の給料を払わねばなりませんが、財政難の明治政府には不可能でした。そこで大混乱を承知で、急遽改暦を断行したのでした。

新儀の主なところをざっと見ました。滑稽な様もありました。今見たように、明治天皇や岩倉具視のような人が率先して、文明国として認めてもらう努力を重ねているわけです。

岩倉遣欧使節団が見た「落日の帝国」

岩倉具視の遣欧使節団のことを記しておきましょう。

使節団はアメリカから始まりヨーロッパをほぼすべて回ります。サンフランシスコに到着して間もないころに撮ったといわれている有名な一葉の写真があります。四人の使節団の副使、大久保利通、伊藤博文、木戸孝允、山口尚芳が周りにいて、使節団の大使である岩倉具視がその中央にいて丁髷、和装姿で椅子に深々と座っています。しかし、よく見ると岩倉は

岩倉遣欧使節団（右から大久保利通、伊藤博文、岩倉具視、山口尚芳、木戸孝允）

草履ではなく、靴を履いています。瀧井一博氏が『文明史のなかの明治憲法』（講談社選書メチエ、二〇〇三年）で、岩倉が和装をやめるまでの経緯とそれを周囲がどのように見ていたかを記しています。それにしてもいろいろな想像が掻きたてられる写真です。

使節団の一行は訪問した先々で、見るもの聞くものすべてに圧倒されていきました。そのようななかで、唯一オーストリアに行ったときだけは様子が違ったようです。オーストリアには明治六（一八七三）年六月三日にウィーンに到着し、ウィーンで開催されている万国博覧会にも立ち寄っています。

また、オーストリア＝ハンガリー皇帝フランツ・ヨーゼフ一世にも謁見しました。明治の日本人が初めてハプスブルク帝国に接したのが普墺戦争後のことです。もはやハプスブルク帝国は五大国の五番目で、いつアメリカに抜かれてもおかしくない状態の、名ばかり大国です。普墺戦争に負けただけでなく、皇帝が住民運動に負けているような、落日の帝国だったのです。

「普ハ興リ墺ハ紲《しりぞ》ク」

一行がオーストリアで感じたことを『米欧回覧実記』で見てみましょう。オーストリアとプロイセンの国民性を比較して、プロイセンとは正反対なところを次のように指摘しています。現代語訳から引用します。

> オーストリアは、土地が肥沃で気候は温和であり、長いこと古い都としての文化に親しんで来た。富裕であることがその人情を和らげ、みやびやかな風俗が染み込んでおり、考え方が緻密で文事にふけり、時には華美な風俗にも流れる

（前掲『現代語訳　特命全権大使　米欧回覧実記』第四巻。以下、現代語の引用は同書による）

加えて、オーストリアとプロイセンの共通点として「ドイツ人本来の重厚・鈍重な気質」を挙げています。

そして、こちらは原文で紹介しましょう。

当時ハ普ハ興リ墺ハ絀《しりぞ》ク

（前掲『特命全権大使　米欧回覧実記』。以下、原文の引用は同書による）

現在はプロイセンが興隆し、オーストリアはやや衰えていると本質を指摘しています。観察したところだけを記すのではなく、要因の分析にも鋭さが出ています。少し長くなるものの、原文と現代語訳の両方から引用します。

抑《そもそも》墺国ハ、貴族最モ多ク、貴栄ノ国体ト自負スル国ナレハ、人民一般ノ自由ハ、甚タ渋鈍ナリシ（中略）君主専治ヲ主トシ、四十余年間ハ、依然トシテ旧政ヲ保続シタリシハ、今ニ至リテ国歩ヲ妨ケ、工商不振ノ原因トハナリタリ、故ハ各国立憲政体ニ変更スル紛紜《ふんうん》ノ際ニ於テ、此国ノミ、官吏掊克《ほうこく》シ、僧侶権ヲ擅《ほしいまま》ニシ、人民思想ノ自由ハ、苛禁ヲ以テ之ヲ鉗制《けんせい》シ、工芸貿易モ、自由ヲ制セラレ、下ハ厚歛《こうれん》ニ苦シミ、貴族ハ封建ノ夢ヲツヽケ、国脈委靡シ、西北各国トハ全ク別世界ヲナシタリシニ

そもそもオーストリアは最も貴族が多い国で、貴いお国柄が自慢の国なので、一般の人々の民権に関してはきわめて鈍感であった。(中略)君主専制を統治の主眼として四〇数年も旧体制を維持し続けた。このことがいまとなっては国の進歩を妨げ、第二次、第三次産業の不振を招いたのである。なぜならば、他の各国が紛糾しながらも立憲政体に変わっていく中で、オーストリアだけは官僚が力を振るい、聖職者が権力をほしいままにし、思想の自由は苛烈な法令で禁圧し、産業も貿易も自由を制限されていた。人民は重税に苦しみ、貴族は封建の夢を続けており、国家の本質的な力が衰え、西ヨーロッパや北ヨーロッパ諸国とは全く別世界となっていた。

やはり、国の興亡の鍵は「立憲制」にあるようです。斜陽の帝国から、反面教師とはいえ学ぶことはあります。

岩倉使節団はイギリスにも渡り、明治五(一八七二)年十二月、ヴィクトリア女王にウィ

ンザーで謁見しています。

半年の予定で出かけた日程が一年半に延びて、使節団が実際に日本に戻ったのは明治六（一八七三）年のことでした。

この段階では明らかに「認めてもらう努力」なのです。

日本と清、国境確定交渉それぞれの場合

こうした日本人の姿勢が清の西太后から見ればどう見えるかというと、西洋に魂を売った単なる野蛮人です。

西太后の息子の同治帝が一八七二年には結婚し、翌年、成人します。それと同時に親政を始めました。それに伴って西太后と東太后はそれまでの垂簾聴政をやめます。両太后が隠居する流れができるのですが、西太后に権力を手放す気はまったくありません。当然、西洋の進んだ技術を取り入れようなどとは考えもしません。

日本は西洋化し、ヨーロッパに文明国として認めてもらおうという努力をすると同時に、一方では国境確定交渉を行います。ロシアとは千島樺太交換条約、英米とは小笠原をめぐる交渉です。そして清とは朝鮮問題と、琉球、台湾の琉台問題を交渉します。

朝鮮問題、琉台問題では、日本と清がアクターで、朝鮮、琉球、台湾はシアターでありイシューです。日本と清がアクターだからといって、明治天皇と西太后がここで接触するわけではありません。

明治天皇は政治の責任者ではありません。天皇不親政が日本の伝統だからです。

一方の西太后は最高権力者です。それでいながら、西太后は外交問題には明らかに関心がありません。西太后は自分が隠居する場所があるのかどうか。息子の同治帝が円明園を一部再建して、両太后の隠居の場所としてくれそうなのはいいとして、しかし、それができてしまうと本当に隠居しなければならないというジレンマを抱えています。西太后は本当に自分の権力のことしか考えていません。

結果的に日清交渉は、日本の満足のいく結果に終わりました。琉球は日本のもの、台湾は清のもの。それで文句はないだろうということになりました。

清とは対等な条約を結ぶ一方で、朝鮮に対しては不平等条約を結ばせて開国させます。ただし、朝鮮が頑張れば主権国家になる道も開いておきました。

このときの清国というのはあきれるほど外交がわかっていません。対等という概念が理解できないのです。自分が一番上でなければ気が済まないので。

国民を守るために総力を挙げるのが主権国家——台湾出兵

明治四（一八七一）年に、琉球の漁民が台湾に漂着した際に、五四人が殺害される事件が起きました。また、明治六（一八七三）年には、台湾に漂着した岡山県の船員が略奪に遭う事件も発生しました。

日本側が清国にこれを問いただします。「台湾がお前のものだというのなら、この責任を取れ。違うというのであれば黙って見ていろ。こちらで話をつけるから」と。しかし、清はこんな当たり前の論理が全然わかっていません。責任を逃れることしか頭にないのです。「台湾は化外の地である」と言い放った清のひとことがそれを証明します。つまり、「台湾は清の統治の及ぶところではない」といってしまったのです。苦し紛れに口からでまかせをいったのかどうかまではわかりません。

日本海軍の軍艦・龍驤。台湾出兵の旗艦を務めた

ならばと、日本は琉球や岡山の日本人が被害に遭ったカタ

をつけるために、台湾に出兵しました。琉球人も岡山人も、等しく日本国民である。国民国家の論理です。

たった一人のためであっても国民を守るために総力を挙げるのが主権国家である。かつて、大英帝国のあのパーマストンがやったこととまったく同じことを日本もやったまでのことです。このときの日本の場合は六〇人近くのためでしたが、数の問題ではありません。

まだまだ日本と比べれば清は大きな国でしたが、気魄が違いすぎました。事なかれ主義で眠りつづけた清と、自らの力で運命を切り開こうとした日本の差でした。

一晩悩んで西郷派遣を覆す——征韓論争

明治六（一八七三）年の日本は、深刻な危機を抱えていました。いわゆる征韓論争です。留守政府を預かる西郷隆盛が外交非礼を重ねる朝鮮に乗り込んで直接問いただそうとし、岩倉使節団から帰国した大久保が真っ向から反対するという事件でした。太政大臣の三条実美は西郷のあまりの剣幕に恐れをなして昏倒し、代わった岩倉が西郷派遣を決定した朝議を覆しました。

太政大臣代理の岩倉の奏請に、明治天皇は一晩悩んでから西郷派遣の決定を覆しました。

明治天皇は西郷に個人的親近感を抱いていたので憂慮したのでしょうが、現在の日本の国力で朝鮮との外交問題をこじらせてはならないとの判断に与しました。

これに西郷は辞表を提出して野に下り、政府の半分も従って辞めていくという大騒動に発展しました。少なからずの近衛兵も辞職していきましたから、明治天皇は震撼します。「自分に忠誠を誓っていなかったのか」と。

明治六年の政変で大久保と岩倉が勝利した決定的要因は、徳大寺を抱き込んだことです（高橋秀直「征韓論政変の政治過程」、『史林』七六巻五号、一九九三年）。大久保は徳大寺のことを「純良だが、器に乏しい」と評していましたが、その徳大寺に救われたことになります。

フランスを孤立させ、イギリスを牽制する――独墺露三帝同盟

七年で三度の戦争を行ったビスマルクによるドイツ統一戦争が終わり、ヨーロッパは小康状態になります。当のビスマルクは、「平和の仲介者」として振舞うこととなります。

一八七三年、独墺露三帝同盟を結びます。敗れたフランスがロシアと同盟を結んで、ドイツを挟み撃ちにしようとするのを防ぐためです。フランスを孤立させ、かつ超大国のイギリスを牽制するためでもあります。

三帝同盟とは要するに、かつての鋼鉄同盟の復活です。ただ、かつてのプロイセンと違い、日の出の勢いのドイツが加わったことで、本当に三国が協調していれば大英帝国を上回るパワーとなります。ただ、露墺両国はバルカン半島で睨み合いを続けており、むしろ両国の紛議をドイツが仲介するのが真の目的とすらいえました。

フランスが普仏戦争敗戦から立ち直り、再び力をつけてきます。フランスが復讐戦を仕掛けてくるかもしれないと、ドイツは予防戦争も視野に入れていました。

予防戦争とは相手にやられる前に先に仕掛けるわけですから、有り体にいえば侵略戦争です。戦争の危機は何度かあったのですが、結果的に起きなかっただけのことでした。

イギリスと日本だけが達成できた「二大政党制」

ビスマルクが神経を使っているあいだ、イギリスは二大政党制を謳歌しています。かつてのパーマストンは「同盟などと煩わしい難物は不要」と力を誇示していましたが、このときのイギリスも「光栄ある孤立」と自称していました。二大政党制などというのは経済的にも安全保障的にも、それぐらいの安定した状況でなければできないくらい大変なものなのです。

二大政党制については、他の国との比較で付け加えておきましょう。

十八世紀に登場した啓蒙思想やフランス革命以降、圧倒的多数の庶民は何も考えていませんでした。ところが人間は家畜ではないといいだす人たちが出てきました。

もちろん、それは正論です。しかし、正論にこそ落とし穴があります。いくら正論でも時代状況を踏まえないでいきなりやってしまうと、反動が大きすぎてよけいに混乱するわけです。

フランスは一〇〇年で七度の流血革命の後、第三共和政にたどりつきましたが小党分立で大混乱です。二年続けば長期政権、一年で二度も三度も内閣が変わるような状態で、とうてい民主制が定着したとは言い難い状態です。

ドイツはビスマルクにすべてを預けてしまい、議会は単なる条件闘争集団と化してしまいました。

オーストリアは帝国統一にフランツ・ヨーゼフが奮闘中で、民主化どころではありません。むしろ帝国臣民に権利など与えれば、国から出ていきかねません。

ロシアは皇帝専制に何の疑問も持たず、民主化どころか人権尊重もありません。

十九世紀末の西欧は、保守主義と自由主義が対立していて、まだ保守主義が強いという状

19世紀初頭のイギリス議会（下院）

況です。この時代の保守主義とは旧来の貴族制のことです。自由主義とは今の我々が想像する自由を求める動きです。しかし、この時代は自由主義を唱える者はアナーキストぐらいにしか思われていません。

イギリスは、二大政党制にうまく着地しました。十七世紀に二度の革命（クロムウェル革命と名誉革命）を経て、十八世紀はフランスとの覇権抗争に勝利し、十九世紀は大英帝国の繁栄を謳歌しました。立憲君主制と二大政党による民主制は、その果実なのです。

なぜイギリスにそれが可能だったのかといえば、他の国に比べて立憲主義と民主化を早くから始めていたこともあります。そしてなにより、イギリス憲法の仕組みが「戦争に勝てば憲政が発達する」ようになっているからです（その詳細は小著『嘘だらけの日英近代史』をご参照ください）。そんなことができるのはおそらくイギリスだけだと思います。

イギリスが二大政党制を達成したといわれるのが、一八六八年です。日本はその約五〇年後、一九二四年・大正十三年に二大政党制を達成します。たったの五〇年遅れです。他の国が全滅しているなかで、イギリスに次いで日本だけができたことなのです。ちなみに、現在、大国で実際に二大政党制を行っているのはイギリスだけです。アメリカは二大政党制とは言えません。政党の中で国会議員一人ひとりが政党だというような状態ですから。

十九世紀のこの時代はやはりイギリスが世界一の国で、模範です。日本は世界の一番を真似しようとしました。さりながら、イギリスだけを真似しようとしたわけではないのも事実です。イギリスは真似できないので、大国でも新興国のドイツを多くの面で模範としました。

さて、ヨーロッパの小康状態も一八七六年にバルカン半島から破れはじめます。セルビアとモンテネグロが、オスマン・トルコにケンカを売ったのがきっかけです。露土戦争に発展していく端緒です。

日本のなかの「立憲政体派」vs.「天皇親政派」

明治八（一八七五）年四月十四日、日本では漸次《ぜんじ》立憲政体樹立の詔が出されます。時の政権首班である大久保利通が本当にめざしたのは、イギリス型の議会制度でした（前掲『帝国憲法物語』）。

しかし、明治天皇は大久保の本当にやりたかったことが那辺にあって、それがどういうものであるのか、正直なところよくわかっていなかったと思います。というのは、天皇親政をやりたがる側近がいるからです。特に天皇の侍講《じこう》を務めた元田永孚《ながざね》や、侍補《じほ》職に就いた佐佐木高行らがその中心でした。

元田永孚

ちなみに、今の日本国憲法でも天皇親政であるといえば驚くでしょうか。もちろん、天皇親《みずか》ら政治を行うという意味では、天皇親政ではありません。その意味では、明治時代だって違います。ただし、国政の権威は天皇に由来す

佐佐木高行

るとの意味では、今も昔も天皇親政です。

その証拠に、たとえば衆議院の解散などは今でも天皇の御名御璽がある詔書によって行われます。もちろん天皇に衆議院の解散のような国政の是非について意見を押し通す権限などないのですが、国政の重要な文書には御名御璽すなわち署名と印鑑が必要なのです。これを一般的な意味の親政と区別して、「親裁」と呼びます。

「天皇親裁」という意味では、帝国憲法も日本国憲法も同じなのです。

帝国憲法が制定される以前の過渡期で「天皇には本来は親政を行う大権があるが、自らの意思で親裁に留める」という慣習法が定着していないので、親裁ではなく文字どおりの親政を行おうとする勢力も出てくるのです。

なお、後の明治十八年に内大臣職が制定されるまで、御璽の管理は徳大寺の役割でした。権限がありながら臣下の影響力によって縛られているのは単なる傀儡ですが、自らの意思で権力の行使を抑制するのは立憲君主制の基礎です。

二大政党制はいかに確立されたか

立憲君主制を他より先んじて行っているイギリスでは、保守党のベンジャミン・ディズレーリと自由党のウィリアム・グラッドストンが交互に政権を担当していました。激しい政争を繰り広げながらも、「政争は水際まで」という慣例ができていく時代でもありました。

一八七五年十一月、第二次ディズレーリ内閣のとき、エジプトのスエズ運河会社の株の買収に動きます。ディズレーリ首相の「担保は大英帝国」のひとことで買収に向けた話はまとまっていきました。これで英国はスエズ運河株式会社の大株主です。超大国イギリスの面目躍如です。

ベンジャミン・ディズレーリ（1878年頃）

　ディズレーリ首相は交渉が成立したその日、ヴィクトリア女王に「たったいま交渉も成立しました。［スエズは］陛下のものでございます《ユー・ハブ・イット・マダム》」（前掲君塚『ヴィクトリア女王』）と手紙を送っています。ディズレーリのこの贈り物にヴィクトリア女王はいたく喜んだとのことです。

野党総裁のグラッドストンは議会に諮らず予算措置を進めたとして政府の独断を激しく攻撃し、違憲だとして裁判所に提訴までしました。しかし自分が政権を獲ったときに、「違憲」のはずのスエズ運河を手放したりしません。当時の与党のやり方に政争の具にできるような手続きの瑕疵《かし》があったとしても、スエズ運河の保有自体は大英帝国の国益だからです。

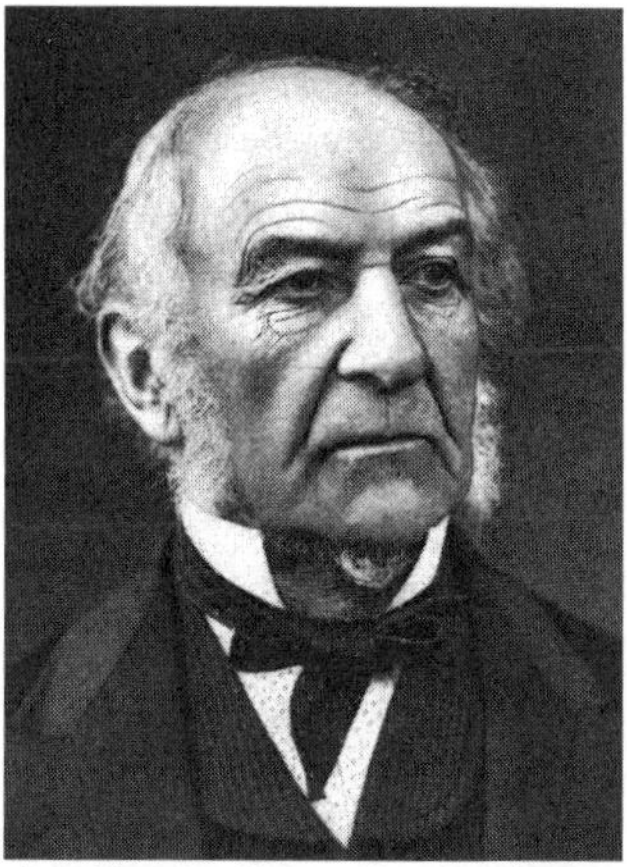
ウィリアム・グラッドストン（1898年頃）

ところで、しばしば「イギリスには憲法がない」といわれますが、これは不正確です。「大日本帝国憲法」「日本国憲法」のような統一的憲法典は存在しませんが、憲法そのものは存在します（倉山満、平井基之『理数アタマで読み解く日本史』ハート出版社、二〇一八年）。

具体的にいうと、イギリスでは首相の決め方が明文化されていません。日本国憲法が首班指名のやり方を詳細に決めているのとは違います。すべて憲法習律と呼ばれる慣例で動かしています。すなわち、衆議院総選挙で勝利した政党の総裁が女王に結果を報告し、その場で首相に任命されるのです。ディズレーリとグラッドストンの時代は、こうした慣例が積み重ねられ定着していく時代でした。もちろん、政治家だけで決めるのではなく君主も介在しますから、ヴィクトリア女王の識見が重要でした。

女王は一八五〇年代には、「長老政治家」を重用し、政変のたびに相談していました。明治天皇における徳大寺のような人物は、ヴィクトリア女王にもいたのです。また、女王の秘書官という、政界に詳しい側近の果たした役割も大きなものでした。

ちなみに、今もイギリスでは主な王族にはそれぞれ秘書官がついています。次第に、首班指名には総選挙の選挙結果が大きく影響するようになっていき、「国民の声や議会内での多数決の結果に応じて、たとえそれが女王の希望に反する人物であっても、多数党の党首に首相の大命を下すことが『議会政治の常道』となってしまった」(君塚直隆『イギリス二大政党制への道』有斐閣、一九九八年。同『女王陛下の影法師』筑摩書房、二〇〇七年)のです。

とにもかくにも、ヴィクトリア朝揺籃期の二大政党制は、明治の日本人にも憧れでした。首相の決め方を憲法典に明記するのではなく、国民による総選挙の結果を君主が尊重する慣例を定着させていくイギリス流の政治のありかたを、日本人は「憲政の常道」と呼びました。これは大正末年に実現することとなります。

西南の役が鎮圧され、自由民権運動が盛んになる

明治の日本はバルカン半島情勢を冷静に分析しそれをもとに決断し実行に移して、明治八（一八七五）年、ロシアとのあいだに千島樺太交換条約を結びました。榎本武揚の類まれな交渉力で大ロシアと対等条約を結んだのですが、ロシアがバルカン情勢の緊張で東アジアでは強く出てこられないと読んだことも成功の一因でした。

この一八七五年、清では同治帝が崩御します。享年一九。死因は一応、天然痘の可能性が高いといわれています。「一応」といったのは梅毒説もあるからです。

読書をする光緒帝

西太后は、実の甥である載湉《さいてん》を次の皇帝に指名します。光緒帝《こうしょてい》です。光緒帝の父は咸豊帝の弟、母は西太后の妹でした。四歳で即位した光緒帝に代わって西太后が垂簾聴政を再開します。皇帝が同治帝から光緒帝に代わっても西太后が実権を握っているのには変わりがありませ

ん。

明治九（一八七六）年、明治天皇の六大巡幸の二回目です。埼玉、茨城、栃木、福島、宮城、岩手、青森、そして函館（北海道）を経由して船で横浜に戻りました。六月から七月まで約五〇日間かけての巡幸でした。

ちなみに、現在の国民の祝日「海の日」は、このとき明治天皇が横浜に到着された七月二十日を記念して制定されました。昭和十六年に一度「海の記念日」とされていたのが、平成八年に「海の日」として戻ってきたのです。なお、「海の日」は平成八年から平成十四年までは七月二十日だったのが、平成十五年から七月の第三月曜日とされています。

その一方で、士族反乱が相次いで起こります。明治七（一八七四）年に起こった佐賀の乱に始まり、明治九（一八七六）年には、熊本で神風連の乱（十月二十四日）、福岡では秋月の乱（十月二十六日）、山口でも萩の乱（十月二十八日）が続けて起こりました。しかし、すべて短期間で政府に鎮圧されます。そして、翌年明治十（一八七七）年に士族反乱の最後、西南の役が起き、西郷隆盛が自決して終わりました。西南の役が現在に至るまでの日本史上最後の内戦です。

武力蜂起をしても何も変えられず空しく終わることがわかり、政府に不満を持つ士族や地方富裕層らは板垣退助の自由民権運動に流れていき、自由民権運動が盛んになります。一八七七年はイギリスがインドを正式に併合し、ヴィクトリア女王はインド皇帝を兼ねた年でもあります。

西南の役が終わった直後の明治十一（一八七八）年、竹橋事件が起きました。西南の役での恩賞が少なかったことに対して、近衛兵が起こした暴動です。直ちに鎮圧されたものの、天皇を警護する近衛兵の蜂起に政府は危機感を持ちます。事件直後に軍人訓戒、軍人勅諭が出され、軍の規律が強化されていきました。

明治十年から翌年にかけて「三傑」と呼ばれた明治政府の指導者が亡くなります。西南の役で敗死した西郷隆盛、役の最中に病没した木戸孝允、そして紀尾井坂の変で暗殺された大久保利通です。

形式的な首班は、太政大臣三条実美、左大臣有栖川宮熾仁、右大臣岩倉具視と変わりませんが、実質的には肥前の大隈重信と長州の伊藤博文・井上馨の集団指導体制で、薩摩の黒田清隆も控えていました。が、明らかに軽量でした。

明治十一年の大久保暗殺直後、元田永孚や佐佐木高行が徳大寺実則を「適任者たらず」と排撃しはじめます。彼らは天皇親政とは口ではいうものの、実質は天皇の名を借りて宮中側近が政府に優越しようとの目論見《もくろみ》なのです。当然、天皇の信任が厚い徳大寺は邪魔なのです。

徳大寺は混乱する政局のなかで辞表を提出しました。明治天皇は両者に配慮し、徳大寺を宮中に残し、他の者には建言の自由を与えました。

「ビスマルクの平和」で日本は国づくりの時間が稼げた

ここで、「ヨーロッパの火薬庫」こと、バルカン半島を見ておきましょう。榎本武揚の例でもわかるように、昔も今もバルカン半島で何が起きているかを関心を持って知ることが、日本にとっても重要なことだからです。

そのバルカン半島からヨーロッパの小康状態が破れ、露土戦争に発展します。

一八七六年、ブルガリアがトルコに対して蜂起すると、セルビアとモンテネグロもトルコに宣戦布告します。しかし、ケンカを売ったのはいいけれど、セルビアとモンテネグロはトルコに返り討ちにされます。そこへセルビアとモンテネグロの宗主国のロシアが介入してきて露土戦争となりました。一回読んだだけでは、いったい何がどうなっているのかよくわからないと思いますが、それがバルカンです（詳細は小著『世界大戦と危険な半島』をご参照ください)。

散発的な小競り合いが拡大し、両国の宣戦布告をもって一八七七年四月に露土戦争となりました。

ロシアは露土戦争に踏み切る前の一八七七年一月、オーストリアと密約を結んでいました。オーストリアは露土戦争に中立を保つこと、状況によってはボスニア・ヘルツェゴビナの軍事併合は認められるということが密約の内容でした。こうして後顧の憂いを絶ち、ロシアは単独でトルコに戦争を仕掛けます。その一方で、トルコ国内も青年トルコ党によるクーデターが起きています。

一八七八年まで続いた露土戦争はロシアが勝利しました。露土戦争後、三月に結ばれたサン＝ステファノ条約はロシアに断然有利な内容でした。セルビアとモンテネグロが正式に独立します。ブルガリアも独立し「大ブルガリア帝国」を構想しました。大ブルガリア帝国の誕生で皇帝のインフレがまた加速されるかと思われました。

しかし、これにロシアのライバルのイギリスと、密約を結んだはずのオーストリアが物言いをつけます。バルカンでロシア傀儡のブルガリアが覇を唱えるのを良しとしなかったのです。セルビア、モンテネグロは自分たちがトルコに対して始めた戦争なのに、ブルガリアだ

ビスマルク（1881年頃）

けが贔屓《ひいき》されているとやっかみます。さらに、戦争で何もしていないアルバニアまでが「自分たちにも国を作らせろ」と要求してきます。収拾がつかなくなります。

　そこに〝誠実な平和の仲介者〟を名乗って登場したのがビスマルクです。サン＝ステファノ条約で認められたブルガリア大帝国を否認して、新たにベルリン条約が六月に成立します。

ブルガリアは領土を半分にされたものの、一応の独立が認められました。

　ベルリン条約で、オーストリアはボスニア・ヘルツェゴビナの行政権をもらいました。火事場泥棒そのものです。ただし、オーストリアが軍事進駐してから、山がちなボスニア・ヘルツェゴビナでゲリラ戦を制するのに途方もない数の動員が必要でした。

　ビスマルクがやったことは、事実上の〝三国干渉〟です。英独墺の三大国がロシアの果実をほとんど取り上げてしまいました。

　いざというとき以外は友だちというのがドイツの対露政策の基本です。ドイツはいざというときの前後はずっとロシアの友だちです。いざというときはロシアではなく、イギリスのいうことを聞くということのどこが「誠実」なのか理解に苦しみます。

ビスマルクというのは何者かというと、要はイギリスとロシアのバランサーなのです。

独墺露の三帝同盟はベルリン会議で破棄されました。ロシアが怒ったからです。ドイツがロシアの言い分を聞かなかったわけですから当然です。

ここからビスマルク外交という名のもとに、ビスマルクが詐術の限りを尽くして複雑な同盟網を張り巡らせていきます。結果的にドイツにだけ都合良く、フランスだけが見事に孤立し、バルカン半島で揉め事が起こらないようにする、そんな幾重にも結びついた同盟関係による仕掛けができあがります。ヨーロッパは「ビスマルクの平和」と呼ばれる小康状態に戻りました。

これで日本も国づくりのための時間が稼げるというわけです。

徳大寺、明治天皇にグラント米前大統領との会食を説得す

明治十二（一八七九）年、アメリカの前大統領グラント将軍が来日します。明治天皇はグラント将軍の日本滞在中に合計四回の対面をします。七月四日、最初の引見が行われ、同七

第18代アメリカ大統領を務めたユリシーズ・グラント

日に二回目の対面が芝離宮で行われました。このときは食事をともにしたあと、歓談しています。現職ではありませんが、日本の天皇が外国の国家元首と会談した最初です。明治天皇は、徳大寺の説得でグラントと食事をともにしました（前掲ドナルド・キーン『明治天皇』上巻）。続いて、八月十日、浜離宮で行われた会談は二時間以上にも及ぶもので、いろいろなことについて互いに意見を交わしたようです。そして、四回目の対面は八月三十日、日本を離れるグラント将軍がお別れをいいに参内したときでした。

明治天皇はグラント将軍と会ったとき、数えで二八歳でした。一方のグラントは五七歳。ちょうど親子くらいの年齢差でした。

このころのヨーロッパはなんといってもやはり大国で、白人でありキリスト教徒なので日本とは友好関係にはありません。友好関係があったとしても、日本を見下す人たちです。一方、アメリカはヨーロッパの国に比べるとひと格落ちる国です。でも、元気が良く、日本にはとても友好的な国でした。

日本と米国は新興国どうし仲良くしていました。アメリカはペリー以来、敵だったという人がいます。なかには、「日米戦争はペリーが来て以来の宿命だった」という人すらいます。では、もし本当にそうであったとするなら、なぜアメリカが他の国に先駆けて真っ先に条約改正をしてくれそうになるのか。納得のいく説明をしてほしいものです。

グラント将軍との会談を終えて間もない八月三十一日、第三皇子嘉仁親王が生まれます。のちの大正天皇です。

同じ年の十月、ドイツとオーストリア＝ハンガリー二重帝国のあいだで、独墺攻守同盟が締結されます。独墺のどちらか一方がロシア、あるいはその同盟国（フランスが想定されている）に攻撃された場合に、もう一方の国は攻撃された国を援護しなければならないとされました。独墺が運命共同体になったことを明文化したような同盟です。

ハワイ王国、日本に政略結婚を持ちかける

明けて明治十三（一八八〇）年、ハプスブルク帝国では、五〇歳になったフランツ・ヨーゼフ一世のもとで、チェコがじわりと自治権拡大の動きを見せます。ベーメン出身のターフ

ェ首相のもと、ベーメン、メーレン（現在のチェコ共和国の東部。チェコ語ではモラヴィア）の両州では役所、裁判所においてドイツ語、チェコ語のどちらを用いてもよいということになりました（前掲『フランツ・ヨーゼフ』）。これを、ターフェの言語令といいます。

明治十四（一八八一）年三月、日本にまた外国からの賓客です。

ハワイ王国のカラカウア王がやってきました。

アメリカがマニフェスト・デスティニー（＝明白な天命）として、開拓を唱えながらアメリカ大陸を超えて太平洋のほうに向かって西へ西へと侵略を続けています。カラカウア王は日本に助けを求めるように、山階宮《やましなのみや》を養女カイウラニ王女の婿にもらえないかと頼みにきました。このときカラカウア王に同行していたカイウラニ王女は五歳でした。この提案は丁重にお断りしています。

カラカウア王はまた「白人に対抗するためには有色人種で大同団結することが必要だ」と、明治天皇にその盟主になってほしいともいっています。これもまた、我が国が朝鮮や清と揉め事を抱えていることを理由に丁寧に断っています。

いくらアメリカがハワイへの不法で横暴な侵略をしていたところで、最大の友好国であるアメリカを捨てるわけにはいきません。

ロシア皇帝アレクサンドル二世が暗殺される

三月、ロシアの皇帝アレクサンドル二世（ニコライ二世の祖父）が爆弾によって暗殺されるという事件が起きます。

暗殺者が犯行声明を出しました。「ツァーリとはよき羊飼いであって、その生涯を羊にささげるべきだ。アレクサンドル2世は羊をむさぼる狼だったため惨死したのだ。　アレクサンドル2世の暗殺者が出した声明　1881年3月13日」（前掲『地図で読む世界の歴史　ロシア』）。不満が暴力となって、直接君主に向けられたのでした。

三月、清国で東太后が死去します。享年四五。早くから毒殺説があり、西太后が殺したのではないかといわれていました。何が起きてもおかしくない国です。チャイナ大陸の国というのは細かいことは残りません。残るのは結果だけです。最終的に誰が権力を握ったのか、それだけです。東太后の死によって、西太后に対抗できる人が一人もいなくなってしまいました。

五月、オーストリア＝ハンガリー二重帝国では久々の慶事です。フランツ・ヨーゼフ一世の皇太子ルードルフがベルギー王女シュテファニーと結婚しました。

六月、独墺露三帝協商が結ばれ、三帝同盟が復活した形になりました。

「憲法制定」へ走り出した日本

このころ、日本の政府内で国会開設をめぐっての対立が激しくなっていました。大隈重信がいきなり「二年後にイギリス型の二大政党制をやろう」と無理難題をいいだします。岩倉具視を説得し立憲政体への漸進的な移行を進める味方に引き込んでいた伊藤博文は、激怒します。

そんなときに起こったのが、開拓使官有物払下げ事件です。開拓使長官だった黒田清隆が自分の幼友達に、国の機関が所有するものを不当に安い値段で払い下げようとしたことが問題視されました。黒田清隆が薩摩閥だったこともあって、自由民権運動の格好の的になりました。

この事件を大隈の部下たちが攻撃したことが発端になり、大隈重信が罷免され、大隈一派とそれに連なる者たちが政府から一斉追放されます。明治十四年の政変です。これら一連の事件で世論は騒然となりました。

そうしたことに、政府が応えようとして出したのが「国会開設の勅諭」です。一〇年後の明治二十三年に国会を開設するという約束です。約束した限りは、本当に間に合わせなければと大まじめに取り組みます。

明治十五（一八八二）年、伊藤博文が「立憲政治調査」に海外へと出かけていきます。ビスマルクの平和といわれるこの時期のヨーロッパで、伊藤は憲法調査をしています。

岩倉具視は病床にありました。明治十六（一八八三）年七月五日・十九日の両日、明治天皇が岩倉を私邸に見舞います。

岩倉は最後の最後まで憲法をどうするかということで悩んでいたそうです。岩倉という人はおそろしく頭がいい人なので、政争術に優れていながら、何を日本国がやらねばならないかが理解できる人でした。

岩倉は大日本帝国憲法の成立を見ることなく世を去ります。明治天皇が岩倉を見舞った翌日のことでした。

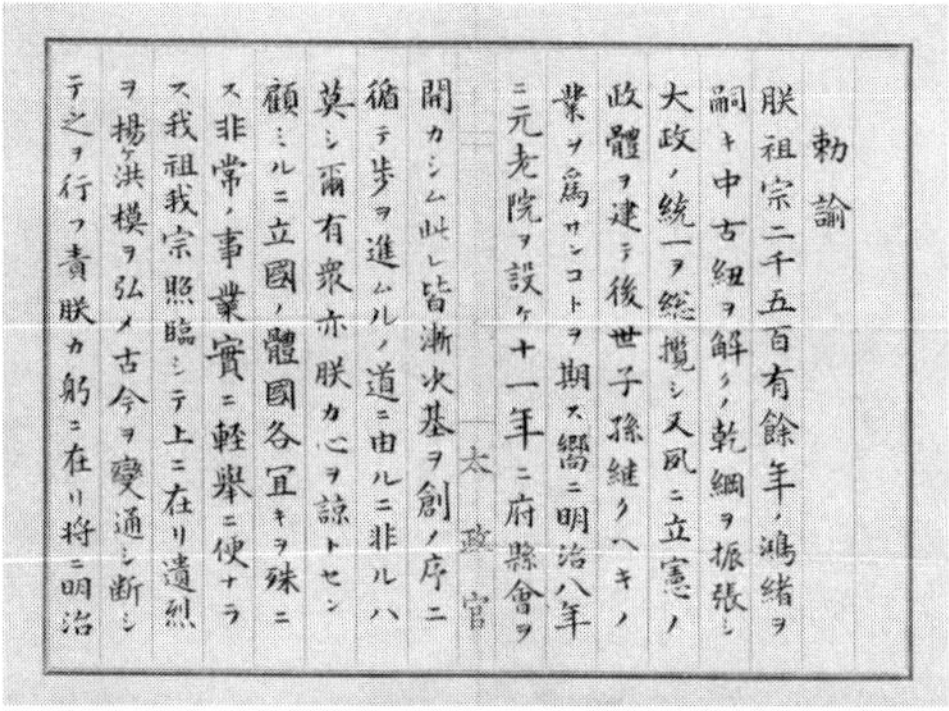
勅諭
朕祖宗二千五百有餘年ノ鴻緒ヲ嗣キ中古紐ヲ解クノ乾綱ヲ振張シ大政ノ統一ヲ總攬シ又夙ニ立憲ノ政體ヲ建テ後世子孫継クヘキノ業ヲ爲サンコトヲ期ス嚮ニ明治八年ニ元老院ヲ設ケ十一年ニ府縣會ヲ開カシム此レ皆漸次基ヲ創メ序ニ循テ歩ヲ進ムルノ道ニ由ルニ非ルハ莫シ爾有衆亦朕カ心ヲ諒トセン顧ミルニ立國ノ體國各宜キヲ殊ニス非常ノ事業實ニ軽擧ニ便ナラス我祖我宗照臨シテ上ニ在リ遺烈ヲ揚ケ洪模ヲ弘メ古今ヲ變通シ断シテ之ヲ行フ責朕カ躬ニ在リ将ニ明治
太政官

国会開設の勅諭

明治天皇、ビスマルクを大勲位に叙す

一八八二年、イギリスではヴィクトリア女王が暗殺未遂に遭っています。ヴィクトリア女王はこれを含めて八回暗殺未遂に遭ったものの、これが最後となりました（前掲君塚『ヴィクトリア女王』）。

五月、ビスマルクはビスマルク体制の構築に余念がありません。今度はイタリアを巻き込み、独墺伊三国同盟を結びました。オーストリアにとってイタリアは独立戦争を仕掛けてくるなど、対立することが多い国です。そのような国と同盟を組むことになるとは。しかし、ビスマルクは「フランスを孤立させる」というドイツの国益追求の立場から、墺露・墺伊を力ずくで仲良くさせたのです。口では、「平和のために紛議を仲介する」といいながら。

当然、ハプスブルク宮廷のなかでも、ビスマルクのドイツと手を切って英仏と組もうという動きはあります。しかし、そんなことはできません。今の日本が中国などとは手を切って、日米同盟を強化しようといってもできないのとまったく同じことなのです。ごく自然に考えるとハプスブルク宮廷のなかに、ビスマルクに買収されている輩が大勢いるに違いないのですから。

同じ年（明治十五年）六月十七日、明治天皇はドイツの宰相ビスマルクを大勲位に叙し、菊花大綬章を贈りました。「蓋しビスマルクの地位及び功績に対し、特別の名誉を賜ひ、以て国交の増進に資するなり」（宮内庁『明治天皇紀』第五、吉川弘文館、一九七一年）としています。

ロシアのニコライ二世は一四歳になったこの年から日記を書きはじめ、のち虐殺される四日前まで記すことになります。「二万ページを越える、五十一冊」分（保田孝一『最後のロシア皇帝ニコライ二世の日記』講談社学術文庫、二〇〇九年）の日記は今も残っています。

ビスマルクの思惑に振り回される清——清仏戦争

イギリスやフランスはヨーロッパ域外を征服してまわっています。日本は自助努力しているので、今のところ侵略されません。将来はわかりませんが。

ヨーロッパがビスマルクの平和のときに、チャイナ大陸では一八八四年から五年にかけて、清がフランスに宣戦布告して清仏戦争が起きています。フランスがベトナムを保護国としたことをめぐっての戦争です。

清仏戦争に至るまでの事情を大枠で捉えておきましょう。

一八〇二年に、阮福暎《げんふくえい》（ベトナム語ではグエン・フォック・アイン）がベトナムを統一し皇帝を名乗り、グエン王朝ができました。ベトナム最初で最後のグエン朝（阮朝）は清を宗主国とします。一八五八年以降、ナポレオン三世がインドシナ出兵を行い、一八八三年にベトナムはフランスの保護国とされました。宗主国である清はこれに抗議し、戦争に訴えます。戦況は一進一退、というより双方ともに失敗を重ねたというのが実態でした。

折れたのは、清でした。清はベトナムの宗主権を放棄します。フランスとの講和を急いだのは軍閥を率いる李鴻章でした。ちなみに、グエン朝はその後、一九四五年にベトナム民主共和国が成立して、最後の皇帝バオ＝ダイが退位するまで形式的に続きました。

話はさかのぼりますが、一八八四年十一月にベルリン会議が開かれ、ヨーロッパ諸国がアフリカを分割します。清仏戦争はベルリン会議の延長線上にあります。

ビスマルクはドイツにだけ都合のいい同盟網を作ってフランスを孤立させました。そのかわりにフランスは海外の植民地をどんどん取っていき、ビスマルクはそれを歓迎すらしています。理由は、海外植民地を広げて満足していれば、ヨーロッパでドイツに攻めかかろうとは思わないからです。フランスが清やベトナムに何をしようが、はたまたアフリカに何をしようがビスマルクの知ったことではありません。現に面積だけで見れば、フランスがアフリカで一番植民地を持っているのです。

ただし、ビスマルクはコンゴをフランスにはやりません。ダイヤモンドがたくさん出るところですから。ビスマルクは押さえるところはきっちりと押さえています。

フランスは、ビスマルクのコントロール下にあるようなものなのです。

こうした思惑に清は振り回され、日本も巻き込まれます。少なくとも、国際情勢の理解を抜きに国策は決められないのです。

壬午事変と甲申事変――ベトナムを捨てても朝鮮に介入

朝鮮で起きた明治十五（一八八二）年の壬午《じんご》事変と明治十七（一八八四）年の甲申《こうしん》事変はどちらも、後で起きる日清戦争の前哨戦です。壬午・甲申事変という二回の前哨戦があって、三回目になってようやく本番の日清戦争だったのです。日清戦争については次章で詳しくみますので、ここでは二つの前哨戦についてだけ触れておきます。

壬午事変は朝鮮の宮廷の大院君《たいいんくん》（国父）と閔妃《びんひ》（王妃）の両派閥による対立抗争でした。

壬午事変は政権が閔妃側に移り、日本の支援で改革を進めようとしたことに不満を抱いた軍人が起こした暴動です。大院君はこの騒動に乗じて日本公使館を焼き討ちにします。日清両軍が介入し、大院君が清に拉致されたので閔妃が政権を維持することになりました。そして閔妃は日本を裏切り清に忠誠を誓います。

甲申事変は金玉均《きんぎょくきん》ら開化派と呼ばれる人たちが、明治維新に範をとり改革を行おうと起こした政変です。清仏戦争で清がそちらにかかりきりなるのを好機と捉え、大院君とその息子で国王の高宗を担ぎ政権を樹立したものの、直後に清が介入し、あえなく政権は崩壊します。

清が清仏戦争を早期に収拾したのは、ベトナムを捨ててでも朝鮮を守らねばという判断もあったのです。政変を主導した金玉均らは日本に亡命しました。

後始末として明治十八（一八八五）年、日本と清は天津条約を結び、朝鮮半島に出兵する際には互いに事前通告することとしました。この条約の内容がのちの日清戦争開戦につながっていきます。なお、清仏戦争は六月に講和が結ばれています。

内閣制度への移行——伊藤博文「宮中府中の別」を徹底する

明治十八（一八八五）年、十二月は現代にも続く大きな出来事が起きました。律令以来の太政官制を廃止し、内閣制度に移行しました。日本で初の内閣となった第一次伊藤博文内閣が発足します。

太政官制を廃止したのはいわばクーデターでした。目的は、太政大臣の三条実美の棚上げです。三条に対しては内大臣の椅子を用意しました。内大臣は玉璽《ぎょくじ》（天皇の判子）と国璽《こくじ》（国の判子）を管理するだけの単なる閑職です。ちなみに昭和期には突如として元老に代わる重職となります。

伊藤は憲法調査から帰国して以来、徳大寺に代わり宮内卿の地位に就いていました。徳大寺は、天皇の身近で世話をする役回りの侍従長に横滑りします。

伊藤博文

憲法調査で伊藤は君主と政府の関係が重要であると学びました。君主こそ国家ではあるけれども、君主自身が実際の権力を振るうと国家経営はうまくいかないと認識しました。伊藤の理解した立憲主義の要諦は、「君主が自らの意思で国民に権利を与え、保護すること」です。

伊藤がこうした意味での文明国共通の立憲主義を推し進めようとすると、「天皇親政」を目

1890年9月のシュタインの没後、日本で開かれた追悼会。前列中央に伊藤博文の姿が見える

論む宮中勢力と衝突することとなります。伊藤は自ら宮内卿として乗り込んで、抑え込もうとしたのです。

内閣制度発足により宮内卿は宮内大臣と改められます。伊藤は初代内閣総理大臣と初代宮内大臣を兼任します。これには大きな意味があり、「宮中府中の別」を徹底するためです。総理大臣は政府の長であり、宮内大臣は宮中の責任者です。宮内大臣は内閣に列しない、政府から独立した存在です。ということは同時に、宮中も政府に容喙《ようかい》できないということです。伊藤は首相と宮相を兼任することで、宮中勢力を政治に関与させないようにしたのです。

ちなみに、伊藤は徳大寺のことを「穏やかで慎み深いが、世界の大勢に暗く、その時々の急務の利得と損失の判断ができず、また政治の責任を負う地位にいない」と酷評していましたが、結局は頼りにすることとなります。伊藤は政府高官が拝謁する際の手続を要望しましたが、取り次いだのが徳大寺です。これにより、急遽拝謁の必要が生じた場合でも支障をきたさなくなりました。

伊藤は時間をかけて宮中の側近たちに立憲主義の本義と自分たちの役回りを教え込み、国政の円滑な運用をめざしていました。

明治天皇自身も憲法には並々ならぬ関心を持ち、伊藤がウィーンで学んだロレンツ・フォン・シュタインの講義ノートを熟読しています。伊藤を嚆矢《こうし》として明治政府高官がヨーロッパを訪れたときは「シュタイン詣で」が恒例と化すのですが、側近の藤波言忠《ことただ》を送っています。天皇は、この藤波から講義を受けました。

日本が憲法をつくっているころ、世界は……

日本が近代国家への道を進んでいるこのころ、ロシアのニコライ二世は一七歳になり帝王学を受けるようになったといいます。それで世界の変化のスピードについていけるのでしょうか。

一八八六年、イギリスがビルマを併合します。

そんなとき、清朝ではまたぞろ、西太后の隠居先に絡む問題が浮上しています。隠居先として頤和園《いわえん》の造営を始めました。

李鴻章（1896年）

このとき、西太后は海軍の軍事費を頤和園の造営費に流用します。李鴻章が海軍を率いていて、軍事力を持っている漢人の力が強くなっていました。西太后は満洲人です。李鴻章は漢人です。加藤徹氏が「西太后は、海軍経費を頤和園に流用することで、李鴻章の権力を抑制したのである」（前掲『西太后』）と指摘しているように、頤和園の造営開始が西太后の贅沢からなされたというのはあくまでも一面であって、本質は漢民族の李鴻章に権力を持たせたくなかったからなのです。清朝の権力闘争というのは民族の対立として見ないと、何をやっているのかがさっぱりわからなくなります。

一八八七年、一七歳になった光緒帝が親政を始めます。西太后の指導のもとに行う訓政を三年続けるというのが条件でした。西太后の垂簾聴政が形のうえでは終わるものの、実態は変わりません。

この年の六月、ヴィクトリア女王は在位五〇周年記念を迎え、「ゴールデン・ジュビリー」

の式典が行われています。

同じく六月、ドイツがロシアと再保障条約を結びます。ビスマルクが、ロシアとフランスが接近するのを防ぐために結んだものです。条約の内容は、ドイツがフランスと戦争になったときには、ロシアが中立を守ること。ロシアがイギリス、オーストリア＝ハンガリー二重帝国と戦争になった場合は、ドイツが中立を守ること、というものでした。

しかし、これはビスマルクが結んだ独墺同盟の内容と矛盾する内容ですから、当然のことながら秘密条約でした。

独墺伊三国同盟での安全保障があり、さらにロシアとの安全保障ができたので、二重保障条約ともいいます。

皇子薨去の折にも憲法会議を休まず

明治二十一（一八八八）年四月、日本では皇室典範と憲法の草案が完成しました。

帝国憲法の草案作成は明治十九（一八八六）年ごろから開始されました。伊藤博文、伊東《いとう》巳代治《みよじ》、金子堅太郎《かねこけんたろう》、それに井上毅《いのうえこわし》らが草案作成に入ったのは明治二十（一八八七）年六月のことでした。

明治二十一（一八八八）年五月八日から、完成した草案をもとに憲法会議が始まりました。草案作成に深く関わった金子堅太郎（『憲法制定と欧米人の評論』日本青年館、一九三七年）によると、憲法会議で議論された内容、会期日時と日数は以下のとおりです。すべて明治二十一（一八八八）年のことです。

第一　皇室典範（五月八日〜六月十五日までのあいだで七日間）
第二　憲法（六月十八日〜七月十三日までのあいだで一〇日間）
第三　議院法（九月十七日〜十月三十一日までのあいだに一三日間）
第四　衆議院議員選挙法（十一月五日〜十一月十二日までのあいだに五日間）
第五　貴族院令（十二月十三日〜十二月十七日までに三日間）

明治天皇はこの会議のすべてに出席し、ただの一度も欠席したことはありませんでした。立憲君主というのは、独裁者でもなければ傀儡でもありません。立憲君主とはこのときの明治天皇のように、いざというときに統治権を行使できるようにすべてを見聞きするのです。

明治天皇がいるだけでその場が緊張した雰囲気になります。ひとことも発言しなくても、臣下は引き締まり、誰もおかしなことができません。口は出さないけれども、存在するだけで緊張感が走ります。こうした緊張関係を成立させるのが立憲君主なのです。そして、こうしたあり方が明治の父親像になっていきました。

金子堅太郎は会議開催中のある出来事にも言及しています。

憲法会議が開かれていた十一月十二日のことでした。侍従が慌ただしく会議室に入ってきてなにやら、伊藤博文議長に耳打ちします。今度は伊藤博文が明治天皇の近くに進み、低い声で何事かを告げます。そのあとも引き続き明治天皇は会議を聞いていました。

会議が終わり、明治天皇が退室なさってから伊藤が皆に告げます。実は皇子昭宮《あきのみや》が薨去《こうきょ》されたのだと。伊藤が明治天皇にそれを告げ、会議は中止致しましょうといったところ、明治天皇は

> 会議は中止するに及ばぬ、此の儘継続して審議中の一條の終つた後内儀に還るから、それ迄は議事を続けよ
>
> （前掲『憲法制定と欧米人の評論』）

とおっしゃったということでした。これを聞いたとき、会議に出席していた人々は「顔を挙げることが出来ず皆首を垂れて唯々恐入るのみであつた」（同前）そうです。

金子堅太郎はさらに

> 其の時吾々は　陛下の御意中如何かは分りませぬが、吾々の恐察する所では、憲法は皇祖皇宗の偉業を御継ぎになつて、之を皇子孫に伝へ給ふ国家の大典である。此の重大なる会議の央に於いて仮令皇子の薨去ありたりとは云へ、是は皇国の重大政務である故に御親子の情に於いては忍び給はせられざる所であるが、此の会議を中止することは然るべからずとの御思召ではなかつたかと恐察し奉つた。其の位に憲法制定に就いては、大御心を注がせ給ふたのである（同前）

と記しています。

日本では憲法発布に向けて、着々と準備が進みます。

ヴィルヘルム二世、即位直後に実の母親を幽閉する

一八八八年はドイツでは「三皇帝の年」と呼ばれます。

三月、ヴィルヘルム一世（ヴィルヘルム二世の祖父）が亡くなります。享年九〇、大往生です。ヴィルヘルム一世があまりにも長生きし、皇帝の座に長くいたので、跡を継いだ息子のフリードリヒ三世（ヴィルヘルム二世の父）は五六歳の高齢で即位します。そのときはすでに癌で、余命いくばくもありませんでした。そして六月、皇帝在位わずか九九日で死去しました。百日皇帝といわれます。そして、フリードリヒ三世の息子ヴィルヘルム二世が跡を継ぎます。

即位した年のヴィルヘルム２世（1888年）

第三代ドイツ皇帝・第九代プロイセン国王、カイザー・ヴィルヘルム二世の誕生です。

ヴィルヘルム二世が皇帝に即位し、最初に命令したことが、実の母親の幽閉です。幽閉した理由はいろいろいわれているようです。しかし、異常です。母親ヴィクトリアのヴィルヘルム二世評はあたっていました。

アメリカ大統領セオドア・ルーズベルトがヴ

ィルヘルム二世のことを「パイプドリーマー」と呼んでいました。パイプドリーム（pipe dream）とは非現実的なこと、夢想を表す言葉です。パイプはアヘンを吸うのに使われるパイプのことで、アヘン中毒者がそうした言動をとるところから出た表現だといわれています。

「パイプドリーマー」と喩えられたヴィルヘルム二世ですが、案外本当に麻薬を吸っていたのではないかと思えるような行動を次々ととるのです。ヴィルヘルム二世は世界を振り回し、日本も巻き込まれます。

一八八九年、大日本帝国憲法が発布される

明治二十二（一八八九）年、二月十一日、大日本帝国憲法が発布され、皇室典範が制定されました。維新以来の国づくりの一区切りです。

憲法発布のエピソードとして、よく聞くのは庶民が「憲法発布」を「絹布《けんぷ》の法被《はっぴ》」と勘違いし、憲法とは何かということを知らなかったという話です。しかし、これはどうやら事実ではないようです。

『東京朝日新聞』（明治二十二年二月七日付）の一面の社説「憲法とハ如何なるものか」のな

かで、いわば導入のように「天子様《てんしさま》が『けんぷのはっぴ』を下《くだ》さるのだと云《い》ったもあるとか」と書いています。また、憲法発布当日（明治二十二年二月十一日）付の『時事新報』（福沢諭吉が創刊した日刊新聞。明治十五年創刊）には「漫言」の欄に「憲法発布うはさの区々《まちまち》」と題して書かれたものがあり、小妓のセリフとして「チョイト姐《ねへ》はん今度上《かみ》から絹布《けんぷ》の法被《はっぴ》が鳶《とび》の衆《しう》や頭領さんなんぞに下《さが》るとね」とあります。「憲法発布うはさの区々」はまるで落語です。

ドイツから明治日本に医師としてきていたエルヴィン・フォン・ベルツは明治二十二年二月九日の日記に「東京全市は、十一日の憲法発布をひかえてその準備のため、言語に絶した騒ぎを演じている。到るところ、奉祝門、照明《イルミネーション》、行列の計画。だが、こっけいなことには、誰も憲法の内容をご存じないのだ」（トク・ベルツ編、菅沼竜太郎訳『ベルツの日記』上、岩波文庫、一九七九年）と記すのみで、「絹布の法被」のうわさのことは何も記されていませ

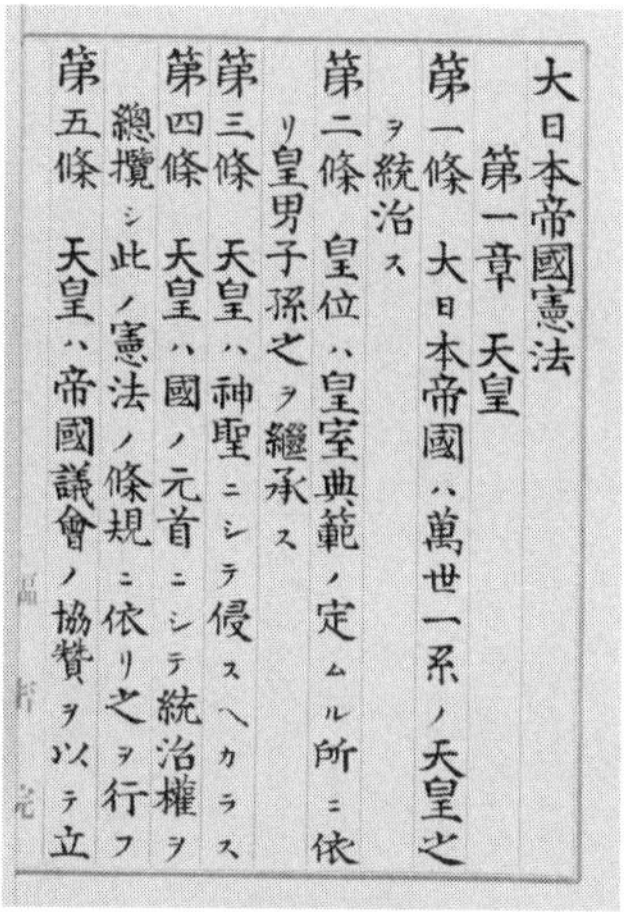
大日本帝國憲法

第一章　天皇

第一條　大日本帝國ハ萬世一系ノ天皇之ヲ統治ス

第二條　皇位ハ皇室典範ノ定ムル所ニ依リ皇男子孫之ヲ繼承ス

第三條　天皇ハ神聖ニシテ侵スヘカラス

第四條　天皇ハ國ノ元首ニシテ統治權ヲ總攬シ此ノ憲法ノ條規ニ依リ之ヲ行フ

第五條　天皇ハ帝國議會ノ協贊ヲ以テ立

大日本帝国憲法

ん。

飛鳥井雅道氏は「実はこの話は小説のなかのつくりごとである」（『明治大帝』筑摩書房、一九八九年）と断言しています。惜しむらくは出典の引用、書誌情報が明示されていないので、「小説」が先の『時事新報』の「漫言」のことを指すのかどうかは特定できません。

帝国憲法が発布された翌年、明治二十三（一八九〇）年十一月二十九日、第一回帝国議会開会をもって、憲法は施行されました。

ビスマルク辞任し、ヴィルヘルム二世の親政始まる

一八八九年、我が国が栄えある帝国憲法を持ったとき、フランツ・ヨーゼフ一世にまた一つ災いが降りかかっていました。皇太子ルードルフが愛人と心中してしまったのです。

同じ年、清では光緒帝が結婚します。西太后が選んだ自分の実の姪（のちの隆裕《りゆうゆう》太后）が皇后になるものの、光緒帝は気に入りません。光緒帝が側室に迎えた珍妃を寵愛するのを西太后が嫌います。のち、珍妃は西太后の指示で井戸に投げ入れられ殺されます。光緒帝の親政が始まり、西太后がいったん引退するのも、ほんの束の間のことでした。

そして、一八九〇年に世界を揺るがす大事件が発生します。ビスマルク辞任です。

ビスマルクは初代皇帝ヴィルヘルム一世の時代から皇帝と対立すると「では辞めさせていただきましょうか」と恫喝するのが得意技でした。ヴィルヘルム一世がそれを引き留め、なんとかうまくやっていくという繰り返しでした。ところが、孫で三代目のヴィルヘルム二世はそうした脅迫が理解できない人でした。ビスマルクが以前と同じ調子で「辞めさせていただきます」といったところ、ヴィルヘルム二世は「ああ、どうぞ」と応えてしまったのです。

ヴィルヘルム2世(左)とビスマルク(右)(1888年)

ヴィルヘルム二世の親政が始まりました。第一次世界大戦が起こる一九一四年まで続きます。

ヴィルヘルム二世は、早速やらかしました。独露再保障条約の更新を拒否したのです。これがのちにビスマルクがあれほど恐れていたロシアとフランスが接近することを招くことになります。

ヴィルヘルム二世は皇帝に即位したと

き、同盟国のオーストリアよりも仮想敵国のロシアを先に訪問し、フランツ・ヨーゼフ一世を怒らせてしまったことがありました。

ヴィルヘルム二世には人を怒らせる才能があります。しかも、陰謀好きで、敵を作る天才です。しかし、結局のところ、自分は得をしていません。

日本がなぜ明治維新ができたかというと、ビスマルクがヨーロッパを引っ掻き回したり、安定させたりしていたからです。そのためにヨーロッパの大国が日本まで来なかったからでした。そしてそうした環境を有効利用したからです。

世界中が騒乱と陰謀に明け暮れる時代を前に、外国と戦える国づくりは、なんとか間に合いました。

第三章　絶妙なる日清・日露戦争——躍進する日本

ロシアのニコライ皇太子、日本旅行中に斬りつけられる

いよいよ日本は、世界と戦うこととなります。

ビスマルクの治世が、一八六二年から一八九〇年。我が国が文久の改革で激動の幕末に突入し、帝国憲法を施行するまでの期間です。この時期の日本は内政に専念しました。ビスマルクが去りヴィルヘルム二世が到来するとともに、日本は外政に明け暮れることとなります。

ここで、日本の最大の脅威であるロシアでは、アレクサンドル二世の暗殺に伴い、その息子アレクサンドル三世が皇帝になりました。新皇帝の息子ニコライ二世は皇太子です。

ニコライ皇太子は一九歳で近衛連隊に入隊し（一八八七年）、二二歳のとき（一八九〇年）、諸国漫遊に出かけます。オーストリア帝国のトリエステ港を出て、一〇カ月かけてギリシャ、エジプト、インドなどあちらこちらを回りながら東へ東へとやってきました。そして、日本に立ち寄ります。そこで大事件が発生します。

明治二十四（一八九一）年四月二十七日、ニコライ皇太子は長崎港に入り、鹿児島、神戸、京都を経て、五月十一日に滋賀県の当時の大津町に入り、琵琶湖に遊びます。

大津事件の前に長崎で人力車に乗るニコライ皇太子(1891年)

そのあと起きたのが大津事件です。ロシアのニコライ皇太子が、警護中の日本人巡査に斬りつけられたのです。大津事件をめぐる法律上の問題は小著『検証　検察庁の近現代史』(光文社新書、二〇一八年)にあたっていただくとして、ここではそのときの明治天皇のとった行動についてひとこと触れておきます。

明治天皇は事件の直後、ニコライ皇太子を見舞うために京都に行幸し、ロシアの軍艦にまで乗りました。ニコライから招待されたというのはありますが、それにしても軍艦というのは国際法では大使館と同じく外国として扱われます。実際にロシアという国を訪問して謝るのと同じ行為なのです。こうした感情的・心情的には好感を持たれるであろう行為も、危険な賭けなのです。明治天皇が軍艦でそのまま連れ去られるという可能性もあったのですから。

実際、一八八二年の壬午事変のときにも、大院君が介入してきた清に拉致される事件が起きていました。当時の日本人は、記憶に新しい事件を思い浮かべます。

それでも、明治天皇はロシアの軍艦に赴きました。命懸けの謝罪です。すべては日本を滅ぼさないためでした。

明治天皇をはじめとした日本の国を挙げての謝罪も功を奏しました。もっとも、ニコライの側は猿に噛まれたくらいの認識だったので、最初から怒っていないようでしたが。五月十九日に日本を去ったニコライ皇太子は、何事もなかったかのように五月三十一日にはウラジオストクで行われたシベリア鉄道起工式に出席し、その後は三カ月かけてシベリア各地を回っています。このときの日本は、歯牙にもかけてもらえなかったというのが実態です。

「和衷協同の詔」は立憲君主の姿そのもの

なお、日本で大津事件が起きた同じ年、ロシアとフランスの接近が公然化します。ロシアとフランスが手を組んでドイツを挟み撃ちにするという、ビスマルクが恐れた悪夢が現実になろうとしていました。ヴィルヘルム二世がロシアとの再保障条約の更新を拒否して招いた事態です。日本人は誰も気づいていませんが、この動きは日本の運命を変えることとなります。それどころではなかったというのもあります。

その前年、明治二十三（一八九〇）年に日本では帝国議会が開かれました。日本政府は伊藤博文を筆頭とする元老が支配しています。宮中・枢密院・貴族院・陸海軍・官僚と、元老の支配に服さない者はいません。明治政府を作ったのは、元老たちだからです。ただし、唯一不如意な存在が選挙で選ばれる衆議院です。ここは自由民権運動の流れを汲む、板垣退助や大隈重信の牙城です。彼らは民党を名乗りました。

自由党を率いた板垣退助

衆議院は予算先議権を持っています。予算とは国家の意思のこと。先議権とは決定権と同じです。つまり、元老の政府は衆議院に拒否されると何もできないのです。そして何度選挙をやっても、元老は民党に勝てません。そして民党は「民力休養」「対外強硬」を同時に要求します。税金をまけろといいながら、戦争をやれと主張する。

伊藤博文や山縣有朋ら長州は板垣と、黒田清隆や松方正義ら薩摩は大隈と提携して議会を乗り切ろうとしますが、ことごとく長続きしません。予算をめぐる紛議で、時の内閣が総辞職に追い込まれるのが年中行事と化しました。こうした様子を清は、「日本は内紛に明け暮れている」と見下していたようですが。

それはともかく、清との緊張関係が高まっているにもかかわらず、予算が成立しないので軍艦建設費用を確保できません。時の松方正義は議会を解散したあげく、悪名高い選挙干渉を行い、総辞職に追い込まれました。

このときの総選挙は史上初の衆議院解散によって行われたのですが、選挙干渉により警察官をはじめとする官吏と民党の壮士が白刃で斬り合い、多くの死者が出るという血塗られた汚点を残しました。立憲政治が未熟だった時代の産物です。もっとも日本人が選挙で死者が出る殺し合いをしたのは、このときが最初で最後だったので、世界的に見れば驚くべき高い民度です。

と、俯瞰できるのは後世の歴史家の眼で見ているからで、当事者にとっては国家の危機です。この危機を乗り越える切り札が、明治天皇でした。

明治二十六（一八九三）年二月十日、「和衷協同の詔」を出します。宮中経費を節減し、高級官吏の一割減俸を条件に議会との妥協が成立しました。ようやく予算が成立し、軍艦も作れる見通しになりました。

このときの宮中費節減は、宮中祭祀と山稜（歴代天皇の墓）の費用と皇太后の費用の三つ以外は、全部削りました。宮中経費節減は明治天皇自らの意思でなされました。そして「皆、仲良くせよ」といっただけです。政治に対してなんら命令したわけではなく、臣下が勝手に聞いただけでした。

天皇に権限はありません。しかし、このときのように、いざというときには影響力が行使できるように、生涯にわたって勉強しているのが天皇です。単なるロボットでもない、ましてや独裁者でもない。立憲君主の姿そのものなのです。

なお、このときも徳大寺の姿がありました。明治天皇は、政変が起きるや徳大寺を伊藤博文や山縣有朋のもとに差遣しています。徳大寺が何もいわなくても、不甲斐ない政界に対する警告だと元老らは受け取ります。伊藤は具体的対策を上奏し、自ら内閣を引き受けることとなります。第二次伊藤内閣です。

東郷平八郎、ハワイに派遣される

一八九三年、カラカウア王のハワイ王国がアメリカに乗っ取られそうになります。ハワイに入り込んで乗っ取ろうとしたのは、アメリカのあからさまな非道です。かつて婚姻による同盟は拒否したものの、看過はしません。また、居留民保護など国益もあります。明治元（一八六八）年に日本から一五〇余名が移民としてハワイに渡っていました。のちに「元年《がんねん》者《もの》」と呼ばれた人たちです。ハワイに引き続き住んでいる人も多くいたのです。

カラカウア王

日本は在留邦人保護の名目で東郷平八郎《とうごうへいはちろう》艦長の指揮下にある軍艦浪速《なにわ》をハワイに派遣しました。

東郷艦長を派遣したときの外務大臣は陸奥《むつ》宗《むね》光《みつ》、在アメリカ全権公使は建野郷三《たてのごうぞう》でした。軍艦派遣で、ハワイの人には喜ばれましたが、アメリカとのあいだに緊張が走ります。しかし、アメリカとケンカはしません。舐められないようにしながらいうべきはいう。友好とは、こういうものです。

アメリカ国内でも、批判が出てきます。このへんの経緯は、カラカウア王の姪であり養女であったカイウラニ王女の生涯を描いた映画『プリンセス・カイウラニ』にも出てきます。残念ながら東郷平八郎は登場しませんが。ちなみに、一三歳のときにイギリスに留学するカイウラニ王女の名はヴィクトリアです。

その後、ハワイは白人たちのクーデターが成功し王政を廃して、一八九四年にハワイ共和国を宣言します。坂道を転がっていきました。

サラエボ事件の二一年前の日本旅行

明治二十六（一八九三）年、オーストリア＝ハンガリー二重帝国の帝位継承者フランツ・フェルディナントが日本を訪問しました。フランツ・フェルディナントは皇帝フランツ・ヨーゼフ一世の甥にあたる人です。世界周遊の途中で日本に立ち寄り、一カ月ばかり日本に滞在しました。八月二日に長崎の港に入り、八月十七日には明治天皇に謁見しています。

このフランツ・フェルディナントは妻とともに一九一四年のサラエボ事件で暗殺されてしまうので有名です。

日清戦争直前、日本が列強に不平等条約改正を認めさせる

さて、いよいよ明治二十七（一八九四）年です。日本にとって重要な年です。三月、朝鮮で東学党の乱が起こりました。東学とは西学、すなわち西洋に対する言い方で、アジアの伝統を守ろうと主張していました。東学党の乱は別名・甲午農民戦争とも呼ばれます。秘密結社が起こした農民反乱です。

朝鮮政府は清に東学党の乱を鎮圧するよう要請しました。自力で抑えられないので宗主国に頼ったのです。

清は要請を受けるや、日本に知らせず朝鮮に出兵してしまいました。約束違反です。甲申事変後に結ばれた和議である天津条約で、朝鮮に出兵する際には日清両国は互いに事前に知らせると約束していたのに、反故にされました。

日本は天津条約に従って朝鮮半島に出兵し、清との睨み合いが始まりました。朝鮮半島が敵対的になれば、日本は戦うしかない。古代の白村江の戦い、中世の元寇、そして近代史においても日清戦争を迎えようとしています。

そのころ、日本の議会では内閣不信任案が可決されます。衆議院が内閣を信任しなければ

予算も法律も通りません。六月二日、元老総出内閣とも呼ばれる第二次伊藤博文内閣が衆議院解散と日清戦争開戦を同時決定します。

そんな内外情勢のなか、日清戦争直前の明治二十七（一八九四）年七月十六日、陸奥宗光外務大臣が日英通商航海条約の調印に成功します。陸奥はイギリスに「日本は国際法を守り英国居留民の生命や権益を守るつもりである。だから条約を改正してほしい。もし、日本を文明国とは認めず、条約改正に応じてもらえないならば、我々も文明の法を守る義務がないことになる」と伝えました。常に条約改正を拒んできたイギリスを恫喝したのです。

イギリスはこれを認め、条約の改正に応じます。イギリスからすれば、これまでの不平等条約で不当に得てきた暴利を放棄しただけです。それで、清だけでなく日本にも保険を掛けておこうとしたのです。

なお、これを機に他の国々も日本との不平等条約の改正に応じていきました。関税自主権の回復こそなしえませんでしたが、最も重要な法的な対等は実現しました。「我々は文明国だ」と突きつけ、認めさせたのです。

七月二十三日、日本軍が朝鮮王宮を占領し、大院君政権を樹立したという開戦の初報がもたらされるや、議会の対外硬派が手の平を返したようにいっせいに政府支持にまわりました。

一方の清では、頤和園で隠居生活に入っていた西太后は、開戦直前になって初めて日本との状況を知ったようです。西太后にとっては日本との戦いなど、李鴻章が自分の領地で何か内乱をやっている戦ぐらいの感覚なのです。

なぜ明治二十七年に日本は清に勝てたのか

日本としては日清戦争前哨戦の壬午事変、甲申事変のあとは様子見だったのが、今なら勝てると開戦に踏み切ったのでした。

なぜ、明治二十七年の今なら勝てるのか。それは大日本帝国陸海軍がようやく外国と戦えるまでに育ったからです。

帝国陸海軍が創設されたのは、明治五（一八七二）年です。陸海軍ができたからといって、すぐに戦えるわけではありませんでした。人が育って初めて戦えるようになるわけです。

ナポレオンが軍事の天才といわれるのは「師団」という単位を考え、近代的な士官学校をも考えだしたがゆえです。

開校当時（1874年）の陸軍士官学校（市ヶ谷台）

「師団」とは一万人以上の集団です。それまでも似たようなユニット、組織、システムはあるといえばありました。しかし、根本的に違うのはそれを動かすソフトウェアの部分です。ナポレオンが考えだした士官学校は、師団の一万人を統率できる将軍を育てるシステムです。士官学校に入るときから意識づけて、そうした将軍一人を育てる期間に二〇年から三〇年が必要です。

明治二十七年というのは明治になってから約三〇年、陸海軍が創設された明治五年から数えて二二年。ようやく、師団を指揮できる人材が育ってきたわけです。

日本は明治になって以来、士族反乱など初期不良でうまくいかない事態もありながら、これが近代国家になって日本を救う道だと信じて無我夢中でやってきました。
一万人の師団を統率できる将軍。そうした将軍のなかの頂点が陸海軍の長、大元帥です。もちろん、明治天皇が大元帥なのです。

軍人に名誉を与える存在が君主

日清戦争のこのときは総理大臣経験者の山縣有朋が司令官として現地に赴きます。大戦争です。山縣有朋や伊藤博文というのは、自分は明治天皇より格上だという意識がありました。明治天皇が西郷隆盛を好んだのも、岩倉具視や大久保利通とのやり取りに神経をすり減らしたからです。山縣や伊藤も、また然り。帝国憲法では軍の統帥権は天皇にありましたが、天皇自らが作戦を立案し遂行するわけではありません。天皇に求められるのは権威です。

では、軍における権威とは何か。それは、軍人とはどのような人たちかを考える必要があります。

軍人は、自分の命を捨てても惜しくはないと信じたとき、戦えます。たとえ自分が死んでも、決して無駄ではない。それが愛する人を守るためであったり、国のためであったり、あるいは目の前の上官のためであったり。「この人のためなら死ねる」との思いが、軍人を軍人たらしめるのです。そして大日本帝国における天皇とは、それらすべてを象徴する存在でした。すなわち、軍人に名誉を与える存在が君主なのです。

明治天皇も、歴戦の元勲である伊藤や山縣を超える権威、すなわち「この方のためなら死ねる」と国民に思わせる存在たらんと努力しました。そして、その姿は多くの軍人たちにも引き継がれました。

特に東郷平八郎、大山巌《おおやまいわお》、西郷従道《さいごうつぐみち》らは明治天皇の代理人だという意識です。彼ら皆のたたずまいにも現れていたといえるでしょう。東郷元帥も大山元帥も微動だにせず、そこにいるだけで緊張感が走ります。微動だにせず決断だけを下す、そういう軍人でした。

君主の軍事的権能の三つの意味

なお、君主の軍事的権能には三つの意味があります。

一つめは作戦指揮権です。普通、統帥権といえばこれを指します。当時の言葉では軍令権です。

二つめは軍政権です。軍隊の編制に必要な、ヒト・モノ・カネの補給のことです。兵站《へいたん》です。この二つは、陸軍参謀本部や海軍軍令部、陸海軍省が行使します。天皇自身が指図することは憲法運用上ありません。

しかし、三つめの儀礼権だけは君主だけが行います。軍人に名誉を与えるのです。こうした思想は帝国憲法特有の思想ではなく、現代でも立憲君主国ではいずれも軍人に死を超える栄誉を与えるのは君主の役割です。

日本国憲法は首相がその役割を担っていますが、これは世界的に見れば奇観です。なお、帝国憲法は天皇に「栄誉の源泉」の役割を求めていました。

こうした役割を、明治天皇は受け容れながらも、好き好んではいませんでした。そもそも明治天皇は日清開戦に反対でした。

日清戦争に関して明治天皇は「今回の戦争は朕素より不本意なり、閣臣等戦争の已むべからざるを奏するに依り、之れを許したるのみ」（宮内庁『明治天皇紀』第八、吉川弘文館、一九七三年、四八一頁）と漏らしています。

これを「明治天皇が本気で戦争をやめたがっていたのに臣下が押し切った。これが立憲君主というもので、天皇は自分の意思がない操り人形なのだ」などと評すると、単純すぎます。立憲君主制の君主は綺麗事をいうのが仕事です。君主自らが戦争を「やれ」といっては、負けたときに責任問題になりかねません。だから、いついかなるときも立憲君主は戦争反対なのです。そして戦争に反対しつづけ、最後に賛成するのが立憲君主の役割なのです。こうした慣例は、日清戦争で確立しました。

それは明治天皇だけに限らず、大正天皇もそうでした。大正天皇は第一次世界大戦への参戦には難色を示していたそうです。川瀬弘至《かわせひろゆき》氏によると、「諒闇《りょうあん》中だから」と「三回も繰返し」難色を示したとか。同氏はそこに「大正天皇の真意がうかがえる」と指摘しています（前掲『孤高の国母　貞明皇后』）。明治天皇の対清・対露、大正天皇の対独、昭和天皇の対米英と、大日本帝国は正式な宣戦布告を四回していますが、そのすべてに歴代天皇は反対していることになります。

宣戦布告に相当の不満をお持ちだった明治天皇

ただ、君主が最後まで宣戦布告に反対するという慣例の端緒となる日清戦争において、明治天皇は相当に不満だったようです。戦争のような国の最も重要な大事に自分の意見が押し切られるのは、傀儡と同じではないかとの疑念を持ったようです。

開戦直前、明治天皇は徳大寺を陸奥宗光外相の所に派遣し、開戦理由を詳しく説明させま

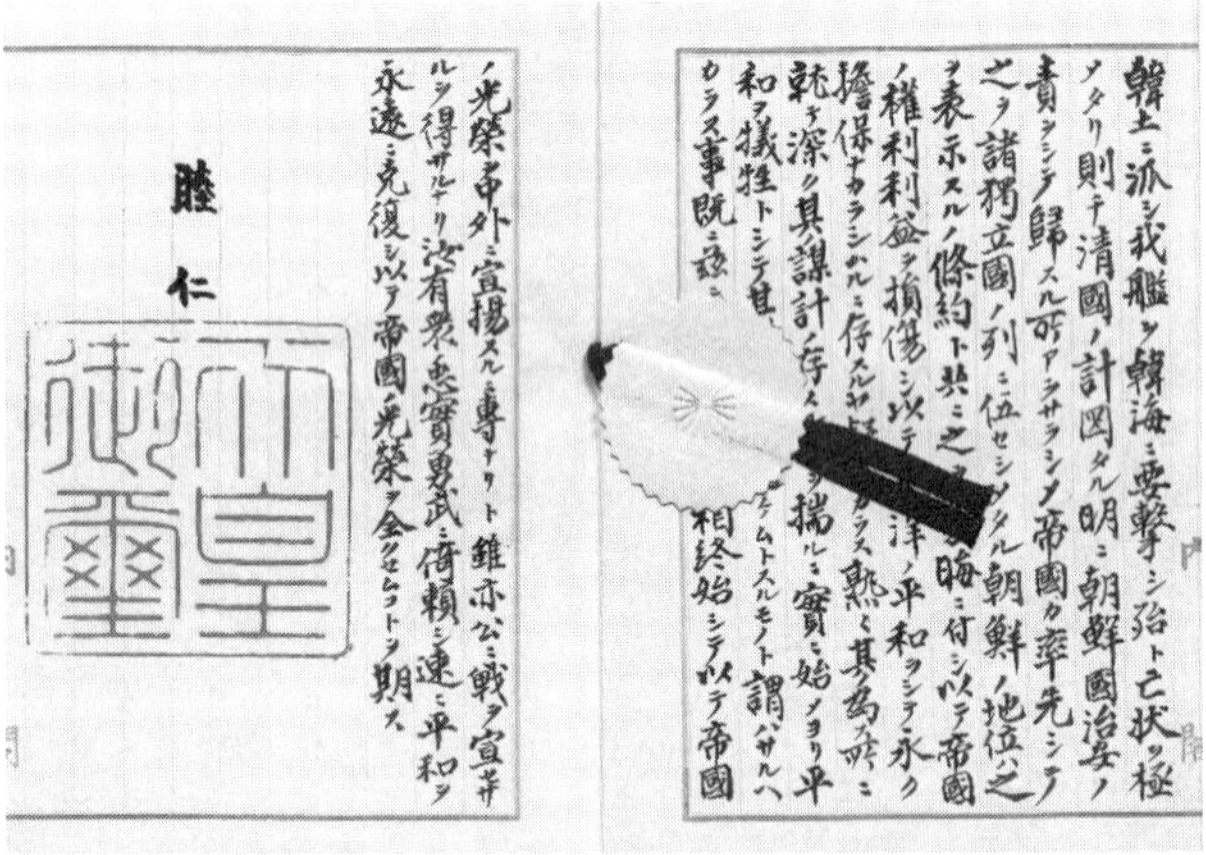

韓土ニ派シ我艦ヲ韓海ニ要撃シ殆ト亡状ヲ極
メタリ則チ清國ノ計圖タル明ニ朝鮮國治安ノ
責ヲシテ歸スル所アラサラシメ帝國カ率先シテ
之ヲ諸獨立國ノ列ニ伍セシメタル朝鮮ノ地位ハ之
ヲ表示スルノ條約ト共ニ之ヲ晦ニ付シ以テ帝國
ノ權利利益ヲ損傷シ以テ洋ノ平和ヲシテ永ク
擔保ナカラシムルニ存スルカラス熟ク其為ス所ニ
就テ深ク其ノ謀計ノ存ス揣ルニ實ニ始メヨリ平
和ヲ犠牲トシテ其ラムトスルモノト謂ハサルヘ
カラス事既ニ茲ニ相終始シテ以テ帝國
ノ光榮ヲ中外ニ宣揚スルニ專ナリト雖亦公ニ戰ヲ宣セサ
ルヲ得サルナリ汝有衆ノ忠實勇武ニ倚頼シ速ニ平和ヲ
永遠ニ克復シ以テ帝國ノ光榮ヲ全クセムコトヲ期ス

睦仁

天皇御璽

清国ニ対スル宣戦ノ詔勅。明治天皇の御名御璽が見える

した。さらに、日清戦争開戦後に、他の側近が神宮や孝明天皇陵に奉告するよう諫言しましたが、これは明治帝の御勘気《ごかんき》を蒙《こうむ》ります。

これにも徳大寺が周旋し、勅使の派遣が決定されました。こうした過程を経て、明治天皇も自分の役割を受け入れていきます。

決まったことに従うのが立憲君主です。

日清戦争が始まると大本営が広島に移動し、明治天皇も御座所を広島に移しました。広島の宇品《うじな》港から朝鮮半島に向かう兵士が出港したからです。議会まで広島に移っていきました。

天皇も執務に精励し、武官より軍令関係の書類の説明を受け、戦局の把握に努めます。なお、上奏の取次は徳大寺の役割です。

戦争は日本の連戦連勝に終始しました。圧勝です。

清が「眠れる獅子」ではなく、実は「眠れる豚」だったとわかってしまいました。

ロシア皇帝ニコライ二世の即位と結婚

日本が日清戦争を戦っている最中の一八九四年十月、ロシアでは皇帝アレクサンドル三世が亡くなり、ニコライ二世が十一月に即位しました。

ニコライ2世とアレクサンドラ皇后（1896年）

皇帝になったニコライ二世は同月、ヴィクトリア女王の孫娘のアレクサンドラ、通称アリックスと結婚します。アリックスの母親がヴィクトリア女王の次女です。ニコライ二世とアリックス皇后のあいだにはこの先、一男四女の五人の子供が生まれます。末っ子として生まれたのが唯一の男の子アレクセイです。アレクセイに母方のイギリスのヴィクトリア女王の家系から血友病が遺伝します。それにまつわる話はまたのちほど触れます。

徳大寺を差し向け和議の大御心を伝える

日清戦争の終局を見ましょう。

現地最高司令官の山縣有朋が首都である北京にまで攻めて行きたがるのを、首相の伊藤博文が止めようとして大喧嘩になりました。しかし、そこへ徳大寺実則がやってきたので、これは北京に攻め入ってはいけない、明治天皇の大御心は和議にあるとわかります。

山縣有朋

イギリス憲法流にいえば警告権の行使です。しかし、天皇が徳大寺を差し向けてきたというだけで、大御心は和平にあると理解できるのです。天皇は作戦に指図などせず武官の説明を受けて聞いているだけですが、戦争のやめどきを理解しているのです。

軍人にとって敵首都攻略は最大の栄誉です。しかし、それをやれば和平は永遠にできなくなるかもしれない。政治家の伊藤と軍人の山縣、元老の双璧が対立したとき、断を下すのは天皇しかいません。

専制君主国家ならば、君主が自らの責任で戦争継続か和議かを決めます。結果が悲惨になれば、君主に責任が及ぶのが専制君主国家です。その場合、国が傾きます。一方、立憲君主国家では、君主が臣下に再考を促します。責任は臣下が採るべきであるとの思想です。

君主も賢明ならば、臣下も賢明でした。昭和の戦争では、君主が賢明でもそれを聞く臣下に欠けました。

明治天皇の大御心に従い、清と和議を結びます。明治二十八（一八九五）年四月、伊藤は清の李鴻章を呼びつけて下関条約を結び、日清戦争は終結しました。

三国干渉――日本をエサにしたヴィルヘルム二世

日清戦争の講和の直後に、ロシア・フランス・ドイツが、日本が得た遼東半島を清国に返還せよと勧告してきました。三国干渉です。これはある程度は予想できました。

陸奥宗光外相は

今日にありては我より清国に向かいて要求する条件は、少しも他顧する所なくこれを要求すべし、語を換えていえば我は清国に対し一切戦争の結果を全収し、而してもし事後他の強国の異議あるに会すれば、更に廟議《びょうぎ》を尽し相当の方針を執るの安全なるに若《し》かず

（陸奥宗光『蹇蹇録《けんけんろく》』ワイド版岩波文庫、二〇〇五年）

と、大国から干渉されるのを見越していました。

さて、干渉してくる「強国」とは、誰もが考えるのはロシアです。この陸続きの隣国が、日本が勢力を伸ばすのを指をくわえてみている必要がありません。その同盟国のフランスもわかります。不可解なのはドイツでした。なぜ、ドイツが露仏と一緒になるのか、最初は謎でした。

何のことはありません。前年の一八九四年に、正式に露仏同盟が成立していました。元をたどれば、ヴィルヘルム二世が独露再保障条約の更新を拒否し、ロシアをフランスとの同盟に追いやったのです。挟撃を恐れたカイザーは、ロシアの眼を東方に向けさせようと、日本をエサにしたのです。ちなみに、ヴィルヘルム二世は三国干渉にイギリスも誘っていました。

見事、三国干渉を境に、日露の対立は抜き差しならなくなります。

明治の指導者たちは地政学がわかっていましたから、三国干渉の黒幕はドイツのヴィルヘルム二世だと見破りますが、ドイツが黒幕であるとは決していわず、表向きには「ロシアに対して臥薪嘗胆《がしんしょうたん》だ」といっておく。エリート層のなかではそうした合意がなされました。

御前会議において、三国干渉の受け容れが決定されます。織り込み済みとはいえ、涙を呑んでの受諾です。戦争で獲ったものを取り上げられて悔しくない人は、いません。

ところで、このときオーストリアやイタリアがドイツについてこなかったというのは注目に値します。自分に利害関係のない極東のことでドイツのいいなりになり、何の恨みもない日本に憎まれたくない、といったところです。フランツ・ヨーゼフ一世は、三国干渉にマトモな関心を払っていません。

さらに、イタリアはついてこなかっただけでなく、独仏露の三国干渉は日本への不当な干渉であるとし、日本が望むなら東洋に艦隊を派遣するとまでいってきました。もちろん、このときは駐イタリア特命全権公使の高平小五郎が丁重にお断りしましたが。

ロシアを盟主とした対日軍事同盟としての露清密約

ヴィルヘルム二世は、救いようがない皇帝です。自分自身のスケッチをもとに「ヨーロッ

「黄禍の図(ヨーロッパの諸国民よ 汝等の最も神聖な宝を守れ)」

パの諸国民よ　汝等の最も神聖な宝を守れ」という寓意に満ちた絵を画家に描かせ、ニコライ二世に贈っています。また、複製をヨーロッパの王室やアメリカのマッキンレー大統領など、あちこちに配りまくります。のちに、この絵は「黄禍の図」などとも呼ばれ、西洋に「黄禍論」を撒き散らすのに絶大な効果をもたらします（飯倉章『黄禍論と日本人』中公新書、二〇一三年）。

日本の目の前の敵は、あっけらかんとしたニコライ二世のロシアでした。しかし、真の黒幕は、そして世界の攪乱要因はドイツのヴィルヘルム二世だったのです。

日本の臥薪嘗胆が始まります。

明治二十九（一八九六）年、清の李鴻章とロシアのロバノフ外相のあいだで秘密条約が結ばれます。李・ロバノフ条約、あるいは露清密約とも呼ばれます。李鴻章がニコライ二世の戴冠式に出席するためにモスクワを訪れたときに結ばれました。

条約の内容は、ロシア、清、そして韓国が日本の攻撃を受けた場合、互いに支援することと同盟を結んでいる国のうちの一国だけで講和に応じない単独不講和を掲げています。また、ロシアは東清鉄道の敷設権を得ていました。事実上はロシアを盟主とした対日軍事同盟です。ロシアの庇護下に入るために清朝父祖の地である満洲にロシアを引き入れました。

ロシア軍服を着るヴィルヘルム2世（左）とドイツ軍服のニコライ2世（1905年）

李鴻章は漢民族なので満洲などはどうでもいいのです。賄賂さえもらえれば、満洲族の父祖の地なぞ叩き売りするのは平気なのです。

李鴻章はロシアとの密約を隠すために、イギリス、フランス、ドイツ、アメリカを訪問してから帰国します。帰国した李鴻章を待っていたのは、頤和園で隠居生活を送っていたはずの西太后による更迭でした。日清戦争に負けた後も清朝宮廷は戦前と変わらない権力闘争に明け暮れていました。

ヴィルヘルム二世、祖母ヴィクトリア女王からお叱りを受ける

ヴィルヘルム二世は「ドイツ帝国は今や世界帝国となった」などという演説をぶち上げたまではまだしも、イギリスとの関係悪化を招く事件を起こしてしまいます。現在の南アフリカでの出来事です。

そのころ、アフリカのオレンジ自由国ではダイヤモンド、トランスヴァール共和国では金の鉱脈が次々と発見されていました。イギリスは両国の併合を画策します。ケープ植民地相のセシル・ローズが友人とも部下とも伝えられるジェームソンとその軍隊をトランスヴァール共和国に侵攻させますが失敗に終わりました。

イギリスのこの失敗を知ったヴィルヘルム二世がトランスヴァール共和国のクリューガー大統領宛に、「侵入を防いでよかった」と祝電を打ちました。ヴィルヘルム二世の電報の一件が知れ渡り、イギリスを激怒させてしまったのです。ヴィルヘルム二世は祖母ヴィクト

リア女王からもお小言の手紙を頂戴し、この事件以降、訪英しようとしても拒否されます。自業自得です。

なお、一八九七年には、イギリス・ヴィクトリア女王の在位六〇周年記念式典ダイヤモンド・ジュビリーがありました。

清を分捕っていくヨーロッパ列強

清でドイツ人の宣教師が殺害されたことを口実にドイツは膠州湾を占領します。翌年一八九八年に九九年間の租借権を得ています。

明治三十一（一八九八）年は列強の帝国主義が露骨に現れる凄まじい年です。ドイツに続いて、明治三十一（一八九八）年三月二十七日、ロシアが旅順、大連を二五年間租借する協定に調印します。

イギリスは九龍半島と威海衛、フランスは広州湾にそれぞれ租借権を得て清を分割します。皆が清を分捕っていくまさに帝国主義の時代です。そのようななかにあってアメリカだけが中国に出遅れている事実は押さえておきましょう。

日本の身の回りで、ヨーロッパの列強がアジアを食い荒らしていました。

マハンの海洋戦略と英独の建艦競争

米西戦争が勃発します。キューバとフィリピンが舞台となって、アメリカとスペインが争います。アメリカは、弱い者いじめが得意な国です。キューバ・パナマ・フィリピンと、老大国スペインの植民地を片っ端から奪っていきます。そして、事実上間接侵略を終えていたハワイを直接侵略します。

当時のアメリカはセオドア・ルーズベルトがまだ副大統領でしたが、事実上の戦争指導をしました。アメリカは海軍軍人、アルフレッド・セイヤー・マハンの海洋戦略理論「マハン理論」によって地域大国にのし上がっていきます。マハンは地政学の祖の一人とされていますが、「海上覇権を制する者は世界を制する」のテーゼの下、海軍拡張に乗り出していたのです。

ヴィルヘルム二世も、このマハンにかぶれました。カイザーは陸軍強国であるに飽き足らず、海洋にも乗り出してきます。ドイツは国内で第一次艦隊法を可決させ、イギリスに対抗すべく建艦競争を始めてしまいます。

イギリスはドイツへの対抗上、アメリカを敵視しないようになっていきます。

隈板内閣誕生——天皇容易に博文の議を可としたまはず

米西戦争時の日本の内閣は第一次大隈内閣でした。この内閣は、危うく友好国のアメリカに戦争を仕掛けそうになりました。

当時、大隈が創設した都市のインテリ層の代表である進歩党と、板垣退助が率いる地方の地主層の代表である自由党が合同し、憲政党を結成しました。衆議院の八〇%を占める巨大政党です。

第一次大隈内閣は大隈と板垣の名前を取って隈板内閣ともいわれます。その直前、お通夜のような御前会議が開かれました。そのときの様子を宮内庁『明治天皇紀』第九（吉川弘文館、一九七三年）、四五四頁〜四五五頁から引用しましょう。

伊藤博文がまず

既に新政党の組織せられたる今日に於ては、議会に多数を有する政党の首領伯爵大隈重信及び伯爵板垣退助の二人をして内閣を組織せしむるの外、他に時局を拾收するの策なし、然れども若し元勲中自ら起ち、奮ひて時局を救済せんと欲する者あらば、臣固より

之れを妨げず

と、巨大政党ができた今となっては大隈、板垣に任せるしかないが、元勲で誰か進んでやってくれるという者がいるならそちらに任せる、と切り出します。山縣有朋らは

大隈重信

内閣を重信・退助に譲り、政党内閣の端を開かんとするが如きは、帝国の国体に悖《もと》り、帝国憲法の精神に悖戻《はいれい》するの甚しきものなりとして已まず

と大隈や板垣に内閣を任せるのには反対しながら、自分が引き受けるとはいいません。会議は休憩を挟んで続きます。

元勲等政党内閣を非とするも、又敢へて自ら奮ひて其の責に任じ、難局に当らんとする

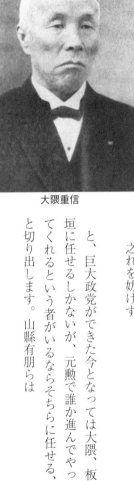

者なく、衆議遂に決せず、天皇、有朋をして内閣を組織せしめんと欲したまふも、有朋前途の艱険を思ひて敢へて命を奉ぜず

やはり誰も手を挙げません。明治天皇が山縣有朋に内閣を任せようと思っても、山縣に火中の栗を拾う勇気はありません。

山縣というと官僚政治家の筆頭で政党政治家には高圧的な印象があります。それも一面ではあるのですが、実際の政治姿勢は慎重でした。二度の組閣において一度も解散をしていません。議会との関係に腐心しています。伊藤が逆上すると何の展望もないのに解散するのと対照的です。この状況で政権を引き受けても、憲政党を相手の議会運営など不可能だと自覚しているのです。

結果、他全員が反対しながら、伊藤が大隈と板垣に大命降下させることを押し切りました。

天皇益々憂慮あらせられ、会議終りて後、更に博文を召して聖慮を告げ、重ねて其の意を問はせたまふ、聖慮は博文の総理たること故の如く、自由党を延きて挙用せしめんと

するに在り、博文、自由・進歩両党の合同したる今日に於て、固より其の議の行ふべからざることを陳奏し、寧ろ重信・退助に此の難局を引受けしむるの可なることを奏す、天皇容易に博文の議を可としたまはず

明治天皇も大隈や板垣に任せて大丈夫なのかと心配しましたが、おおかたの心配が的中します。

アメリカのハワイ併合に対し、大隈首相兼外相と星亨駐米公使は競うように強硬な抗議文を送りつづけ、マッキンリー大統領を驚愕させています。ロシアの脅威に対し臥薪嘗胆で備えているときに、幕末以来の最大の友好国であるアメリカに最後通牒もどきの文書を送りつける。天皇や元老らが政党政治家の政権担当能力の欠如を憂慮するのは当然でした。

天皇、徳大寺を桂太郎に差遣する——不甲斐ない政権運営への怒り

ただ、不幸中の幸いで、大隈内閣は短期間で瓦解します。

尾崎行雄文相が、失言をしました。金権政治を戒める意味で、「もし日本が共和政体ならば、三井や三菱のような大財閥が大統領に当選するだろう」と演説したのです。共和演説事

件です。

野党の時代ならば見逃されたかもしれませんが、皇室が廃止されたことを前提に発言するとは大臣として不穏当ではないかと批判されました。身内のはずの憲政党に。組閣の時点から板垣系と大隈系の猟官運動で激しく争い、大隈系の尾崎を引きずりおろして板垣系が後任の大臣を奪おうとしたのです。

尾崎には徳大寺から書簡が送られました。天皇は徳大寺を陸軍大臣の桂太郎の下に差遣します。桂は憲政党員ではない大臣であり、山縣の一の子分でした。これが何を意味するのか、首相の大隈は恐懼しました。あまりにも不甲斐ない政権運営に、天皇は怒っているのです。

こうした動きに、山縣は板垣との共闘と倒閣を決意します。ほどなく、大隈は総辞職しました。わずか四カ月の在任です。憲政党も再び板垣系と大隈系に分裂します。

後継は山縣が継ぎました。第二次内閣です。

西太后、光緒帝を幽閉して「維新」を叩きつぶす

この間、伊藤博文は日本を出て、一個人として朝鮮、清国を訪問しています。

輿に乗る西太后

清では光緒帝が親政を始め、改革に手をつけたところでした。伊藤は清で光緒帝に謁見します。これが西太后を不安にさせました。光緒帝が伊藤博文を顧問にするのではないかという疑念が膨らんでいきました。西太后は不安の芽を摘みます。

伊藤博文が光緒帝に謁見した翌朝、西太后は光緒帝を逮捕し、幽閉するという挙に出ました。そして、西太后はこのときから一九〇八年にこの世を去るまで、実権を手放しはしませんでした。光緒帝とともに改革をめざしていた官僚・康有為《こうゆうい》らが西太后の暗殺を謀るも、失敗します。康有為は日本に逃れるしかありませんでした。光緒帝のめざした改革はあっという間に終わってしまいました。あまりにも短かった改革は「百日維新」と呼ばれます。

清朝は西太后の強権により延命していましたが、

末期症状でした。

オーストリア皇后エリザベート暗殺される

オーストリア＝ハンガリー二重帝国では、フランツ・ヨーゼフ一世即位五〇周年記念の式典が行われます。しかし、祝賀気分も長くは続きません。その二カ月半後に、皇后エリザベート（シシィ）が旅先のスイスで暗殺されてしまったのです。犯人のイタリア人労働者はエリザベートを特に狙ったわけではなく、身分のある人なら誰でもよかったと供述しています。

フランツ・ヨーゼフ一世は弟のメキシコ皇帝マクシミリアン、皇太子ルードルフを亡くしたときと同じように「われは見捨てられし者なり。最後の息の絶えるまで戦う者なり。名誉のうちに滅びゆく者なり」と漏らしたといいます（前掲『フランツ・ヨーゼフ』）。

義和団の乱——八カ国連合軍の指揮下に入った日本軍

明治三十二（一八九九）年、清では義和団という農民のあいだに起こった秘密結社が、暴れ回っています。この年の十二月三〇日、義和団の乱が起きました。

義和団の乱で清の軍勢と戦う日英連合軍（右側）

義和団は「扶清滅洋」、すなわち「清を助け、西洋を滅ぼす」を掲げます。

翌明治三十三（一九〇〇）年、義和団の反乱が暴走し、北京にある列国大公使館地区を攻撃します。これに対し、包囲された英仏露独墺米日伊の八カ国は連合軍を編成して戦います。北清事変、いわゆる「北京の五五日」です。

このときの八カ国連合には新旧五大国がすべて入っています。旧五大国が英露仏墺独です。旧五大国に、日米伊が加わります。英仏は第一次大戦後も大国に留まりましたから、新五大国でもあります。

清は義和団を制圧するどころか、西太后が義和団に乗じて列国に宣戦布告するというありさまです。そして、連合軍が北京に迫ると、西太后はいち早く北京を脱出して西安まで逃げていきました。そのとき、幽閉していた光緒帝を人質として連れていくことは忘れません。西太后の命令で光緒帝の寵愛していた側室珍妃が井戸に投げ込まれて殺害されたのはこのときでした。

清に条約遵守能力はありません。イギリスのヴィクトリア女王は、七月六日に日本に援軍の要請をしています。決定の四日後、ヴィクトリア女王は新任の挨拶に来た日本公使・林《はやし》董《ただす》に直々にお礼を述べました（前掲君塚『ヴィクトリア女王』）。

八カ国連合軍のなかで兵力が一番大きかったのが日本です。次にロシア、あとの国は申し訳程度の兵力でした。日本は兵力の大きさのみならず、律儀に国際法を守り、文明国であるという範を示しました。

八カ国連合軍の形式的な最高司令官はドイツ人でした。陸軍といえばやはりドイツですから。天皇の統帥権のもとにある帝国陸海軍が外国人の指揮を受ける。それは憲法違反にならないのかというと、なりません。統帥権を持つ天皇が「外国人の指示に従え」と命令しているからです。それができなければ多国籍軍は成立しません。ちなみに、第一次世界大戦では日英連合軍の指揮権は日本人にありました。

このとき他の国の略奪などがひどかったので、清の人すら日本人を頼りにしたといわれて喜んでしまうのが日本人です。そのようにいわれるのは舐められている証拠なのです。舐められない限りにおいてはそれでいいのですが。

徳大寺よ、お前だけは朕の味方ではないのか

さて、北清事変の真っ最中の明治三十三（一九〇〇）年七月。六〇歳の還暦を超えた高齢の徳大寺が辞任を申し出ました。

この時代は、「人生五〇年」とされています。伊藤博文の首相就任年齢は四四歳でいまだに史上最年少で、第一次伊藤内閣の閣僚も五〇歳前後なのですが、当時としては長老格なのです。なお、明治天皇は六一歳で崩御ですから、徳大寺がその年齢で辞表を提出したのは運命を感じます。

徳大寺に対する明治天皇の反応です。

天皇震怒して曰く、凡そ華族にして朝廷に仕ふるものは、宜しく其の身を犠牲に供し、以て奉公の誠を致すの決心なかるべからず、然るに妄りに職を辞し、以て一身の安逸を謀らんとするが如きは、其の志真に悪むに勝へたり、卿幾たび職を辞せんとするも。朕は断じて之れを聴さず、抑々今の官吏たるや、身を士族より起ししものは多くは擅恣《せんし》放

縦にして、動《やや》もすれば辞職を以て一時を遁避し、徒らに一身の安を貪らんとす、朕常に之れを快しとせず、然るに其の身固より華族たるものも亦之れに倣はんとし、朕をして独り苦境に陥らしむ、不忠是れより大なるはなしと、遂に聴したまはず

（前掲『明治天皇紀』第九）

徳大寺よ、お前だけは朕の味方ではないのか、なぜ側から離れるのだ、との声が聞こえてきそうです。徳大寺は翌年も辞表を出すのですが、受理されませんでした。

ロシアの満洲居座りと日英同盟

日本の難局は本格化します。

北清事変が制圧された後も、ロシアは満洲に居座ります。さらに、朝鮮は清から完全にロシアに乗り換えました。日本の目の前はロシア一色です。極東ロシアから満洲、目の前の朝鮮半島がすべてロシアの勢力圏になってしまいました。日本は単独で超大国と対峙しなければなりません。

ロシアの満洲居座りは、否応なしにヨーロッパの大国間を取り巻く状況をも変えます。

独墺同盟があり、露仏同盟が結ばれてもイギリスは光栄ある孤立でした。しかし、ロシアが満洲に居座った今、イギリスはそうはいっていられません。自分の覇権に対する挑戦者であるロシアの伸長を見逃すほど、イギリスは甘くありません。

そうしたところに、ヴィルヘルム二世が陰謀を仕掛けます。

ドイツを挟み撃ちできる露仏同盟が結ばれてしまったので、ヴィルヘルム二世はイギリスに接近しはじめました。ヴィルヘルム二世は最終的に日英独三国同盟を結ぶ含みで、その前段階でイギリスと地域協定として英独揚子江協定を結びました。そこへフランスが入ってきたので、本当に地域的な取り決めにすぎなくなり、これではヴィルヘルム二世にとっては意味をなしません。そこで、ヴィルヘルム二世は日英を接近させて、自分はいつの間にか抜けます。

かくして、日英とロシアが睨み合う格好となりました。イギリスはロシアの同盟国のフランスとも仲が悪いですから、ドイツは高みの見物です。

十一月十一日、再び露清密約が交わされます。満洲にロシア軍が駐留し、満洲全体をロシアの勢力下におくと約束します。

ヴィクトリア女王崩御し、昭和天皇ご生誕

一九〇一（明治三十四）年一月二十二日、ヴィクトリア女王が崩御します。享年八一でした。

ヴィクトリア女王の崩御とともに、英領植民地のうち六つが自治領になり、自治権が認められていきます。植民地が広すぎて、どうにもならなくなったからです。

たとえば、女王の崩御の前に起きたボーア戦争（一八九九年）は、イギリスが南アフリカの部族反乱すら抑えられないために起きた戦争です。結果的に抑えることは抑えましたが、それまでのようにすみやかに対処できませんでした。イギリスも翳《かげ》りが見えてきたと感じる出来事でした。イギリスの場合、インド以外の植民地は持っているだけで赤字だったのです。

80歳のヴィクトリア女王（1899年）

大英帝国の黄金時代を築いたヴィクトリア女王とちょうど入れ替わるように、明治三十四

（一九〇一）年四月二十九日、日本では、明治天皇の最初の皇孫裕仁親王が誕生します。のちの昭和天皇です。

九月、アメリカでは副大統領のセオドア・ルーズベルトが大統領に就任します。

政党結成に苦労する伊藤博文に徳大寺がかけた言葉

さて、北清事変の後始末はどうなったでしょうか。

列強諸国は清の李鴻章と講和の交渉を重ねます。九月になって、清は北清事変を戦った連合軍のすべての国と北京議定書を結びました。義和団に便乗した排外派の大臣たちは戦犯として処刑されます。議定書が締結されてから約一カ月後、西太后が北京に帰還すべく西安をあとにします。そのさらに一カ月後の十一月、李鴻章が亡くなりました。

排外主義を掲げる者たちに便乗するかのように、列国に宣戦布告した西太后が、今度は一転して西洋に学ぼうという考えになります。迷走の限りを尽くします。

一方、日本では、伊藤博文が政党結成に着手します。衆議院が拒否権を行使する以上、政権は運営できない。かといって、政党に政権担当能力はない。ならば、自分が政党を率いるしかない、と考えたのです。政党嫌いの山縣有朋の考えを押し切って実行しました。明治天皇も最初は反対しますが、憲政発展のためにと御下賜金を伊藤に下げ渡します。伊藤は、立憲政友会を結成します。現在の自由民主党の源流です。

伊藤の動きを苦々しく思った首相の山縣は、突如として内閣総辞職を敢行します。政友会が政権担当の準備をできていないのを見越し、わざと内閣を組織させたのです。やむなく伊藤は第四次内閣を組織しますが、うまくいきません。衆議院を押さえたはいいのですが、今度は貴族院が敵に回ります。それも、なんとか押さえたと思っても、党内がまとまりません。政友会は伊藤直系の官僚政治家と板垣系の野合なのです。

失意の伊藤は政権を投げ出しました。後継として、山縣直系の桂太郎が組閣しました。

そうした伊藤に声をかけたのは、徳大寺です。徳大寺の「元勲待遇で国事に関わっては」との言葉は、明治天皇の相談にあずかるようにとの意味です。

元老の意義、そして伊藤が元老筆頭として国政の指導者に残った意味は説明するまでもないでしょう。

当初、日英同盟はロシアへの嫌がらせの道具にすぎなかった

北清事変以後、東アジア情勢は緊迫しています。カイザーの思惑がどうであろうが、日本

はロシアと対抗するためにイギリスと組むしかありません。

日英同盟の成立に関して一般的によくいわれるのが、伊藤博文が日露協商をやろうとしていたのに、首相の桂太郎が日英同盟を結んだので、満韓交換論を唱えていた伊藤は嘆いたとの説です。伊藤がどこまで日露協商に本気だったかも議論があるのですが、そもそもロシアが呑むでしょうか。しかも百戦錬磨の伊藤が、「満洲に引き下がれ、朝鮮はもらう」との要求の実現性をどれほど信じていたか。このとき、朝鮮は自ら進んでロシアの属国になっているのですから、ロシアが何の理由があって手放すのか。

陸軍大臣、総理などを歴任した桂太郎

桂が日英同盟を進めているとき、筆頭元老の伊藤はカモフラージュの役割を果たしたことになります。
ヴィルヘルム二世の陰謀が着々と進んで、日本とロシアが満洲と朝鮮で睨み合うなかで、イギリスもまだこの段階では日本人を「扱いやすい奴だ」ぐらいにしか思っていません。日本人というのは国際法をちゃんと守るし、同盟の義務も守るし、何より軍事的にはアジアでは頼りになる。しかし、さすがにあのロシアが相手では日本も勝てないだろうと踏んでいました。いわば、ロシアへの嫌がらせの道具です。

ちなみに同じ一九〇二年、ニコライ二世のもとに、のちにロシアを代表する文豪となるレフ・トルストイから進言の手紙が送られてきました。トルストイは「専制はもう時代遅れの統治システムです」と訴えています（植田樹『最後のロシア皇帝』ちくま新書、一九九八年）。ニコライ二世がどんな反応を示したのかまではわかりません。

ロシアは撤兵条約を無視して、ずっと満洲に居座りつづけたままです。

桂太郎内閣、日露交渉を始める

明治三十六（一九〇三）年、六月の御前会議を経て、七月に桂内閣は日露交渉を始めます。

ロシア側のエヴゲーニイ・アレクセーエフという極東総督は対日強硬派です。アレクセーエフはとにかく居丈高で、日本を舐めきっていました。ロシアと日本の力関係からすれば、ロシアとしてはそれが当然だという態度です。日本人自身でさえロシア相手に勝てるとは思っていない、ほぼ絶望的な状況でしたから。

日本は満韓交換論が無理なら、せめて三九度線を越えて南下しないでくれと懇願しまし

ロシア極東総督エヴゲニイ・アレクセーエフ

た。これが最後の妥協線なのですが、アレクセーエフは鼻で笑って蹴飛ばしました。
ところで、これをなぜか日本の歴史学者は、ロシアを弁護し日本を糾弾します。
たとえば、保田孝一氏は著書『最後のロシア皇帝　ニコライ二世の日記』（講談社学術文庫、二〇〇九年）で、「新皇帝は日露戦争に乗り気でなかった」という章を設けています。その章のなかで、一九〇四年二月八日、日露開戦の日のニコライ二世の日記に「二月八日　月曜日　午前、日本問題に関する会議を私が議長になって開き、ロシア側から攻撃を仕掛けないという決定を下した。」と記していることを挙げて「ニコライ二世のイニシアチブで、ロシア側から戦争を仕掛けないという決定を下したことは、ニコライに日本と戦う積極的意思がなかったことを示すものとして再評価しなければならないだろう。」（同書一四五頁）としています。
伊藤之雄氏も著書『立憲国家と日露戦争　外交と内政1898―1905』（木鐸社、二〇〇〇年）において、「一九〇三年八月に日本がロシアと交渉に入る前後には、ロシアの極東政策は大きく動揺していた。」として、やれ皇帝に大臣が罷免されて組織が変わっただの、組織が非効率だったので日本への回答が遅れただのとロシア側の事情を述べたあと、「このようなロシア側の動向を考慮すると、桂・小村ラインの主導が弱く、日本側第一案がもう少し対露宥和的であったなら、日露の戦争を避けようとする交渉が実りあるものとなり、日露開戦が避けられた可能性もある。しかしその後の交渉過程において、以下に示すように、日本側は自らが誘発したロシア側の強気の回答や彼らの組織の非能率からくる回答の遅れ等に幻惑され、ロシアに対する不信感をつのらせていく。」（同書二〇九頁）と述べます。

このように「ニコライ二世は戦争を避けたがっていたのに日本が悪い」などと庇《かば》います。では、なぜ日露戦争は避けられなかったのか。地図を見よ！　のひとことで終了です。明治の外交官は地図を見て地球儀を見て判断していたのですが、現代の歴史学者にはそれがわからないようです。ニコライ二世もあの瞬間に戦争をやりたくなかっただけで、長期的には日本のいうことなど聞くかという態度で、朝鮮を退く気はまったくありません。

その証拠に、ニコライからして、やる気満々です。

ロシアとオーストリアの手打ち――遂に日露開戦へ

一九〇三（明治三十六）年九月末、ロシアのニコライ二世がオーストリアを訪問します。このとき、皇帝フランツ・ヨーゼフ一世とのあいだでバルカン半島の統治権について、取り決めがなされました。バルカン半島の西と東をオーストリアとロシアで分けようというのです。マケドニア協定と呼ばれます。ロシアがオーストリアに大きく譲歩した内容での妥結です（前掲『フランツ・ヨーゼフ』）。しかし、これで当面バルカンの心配がなくなりました。

これが何を意味するか。

当時の外務大臣小村寿太郎はバルカン半島で対立していたロシアとオーストリアが手打ちしたからには、ロシアは満洲に来る、満洲で日本と戦うつもりだと判断します。主要六カ国駐在の公使宛にどんなに細かい情報も送れと指示しています。

明治三十七（一九〇四）年二月四日の御前会議で、政府や元老は全員「開戦、やむなし」となりました。そして、やはり最後に賛成するのが明治天皇の役割です。繰り返し強調しますが、そうするのが立憲君主なのです。

開戦前の日本とロシア両国の戦力を比較すると、日本は本当によくこれで勝てたなという差です。

最大動員兵力、日本の一〇九万人に対して、ロシアは二〇八万人で日本の二倍弱です。

戦艦は日本が六隻でした。しかも、日本の戦艦六隻のうち「初瀬《はつせ》」「八島《やしま》」の二隻が開戦当初、旅順港沖で沈められているので実質四隻です。対するロシアは一五隻です。ただし、開戦時に極東に配備されていたのはそのうちの七隻でした。少しでも交渉が長引いていればロシアの戦艦も、各方面から集まってきたはずです。

銑鉄生産量は日本の五万トンに対してロシアは二二〇万トンと、なんと四四倍です。この差は昭和の日米開戦のとき以上です。

絶望的な状況です。

旅順要塞攻略と奉天会戦

しかし、日露戦争は戦いが始まると、帝国陸海軍は快進撃です。薄氷の勝利の連続でしたが。

陸軍が仁川《じんせん》から一気に朝鮮半島を北上していきます。海軍は黄海の制海権を取り、敵を封じ込めます。仁川上陸で攻めるのは定跡です。日清戦争でもそうでした。のちの朝鮮戦争で

28センチ榴弾砲

マッカーサーが仁川上陸したのを賞賛する声がありますが、定跡どおりのまったく驚くに値しないやり方です。

ロシアのウラジオ艦隊と大連の艦隊を合流させないために旅順港に封じ込めようとしました。封じ込めるためには二〇三高地を取りに行かねばなりません。

明治三十七（一九〇四）年五月二日、新たに編成された第三軍司令官に乃木希典が就任します。旅順攻略のためです。遼東半島に上陸し、旅順の要塞を包囲して戦うも、旅順に築かれたロシア軍の要塞とそれを取り巻く堡塁が強固で、これを破壊して突破しない限り二〇三高地は取れません。

そこに日本本土から持ってくることになった

のが二八センチ榴弾砲です。東京要塞から次々と取り外され旅順に送られました。陸でも海でも多大な犠牲を出しながら戦い、二〇三高地を完全占領し、旅順を落としました。

明治三十八（一九〇五）年二月二十二日、奉天会戦が始まりました。三月十日にはロシアを南満洲まで押し戻し、大山巖総司令官が戦闘終結宣言を出します。ロシアを追撃はしません。実際は、追撃できないのです。奉天で弾薬が切れてしまっていたからです。大山巖総司令官はもうこれで和平を考えてくれといいだします。日本は弾薬が尽きていた事実を講和のときも含めて二年ものあいだ隠しとおしました。

ちなみに、奉天会戦で勝利した三月十日はのち陸軍記念日とされました。

陸に関しては「ロシアを三九度線から南にはこさせない」という戦争目的達成です。

戦争をやめることを考えて開戦していた日露戦争

日露戦争は開戦前から勝利の条件、和平の条件を考えていました。つまり、戦争をやめることを考えて開戦しているのです。

日露戦争で日本が勝つためには軍事的戦闘を続けて、ロシアが音をあげたところで誰かに仲介してもらうしか方法がありません。イギリスやフランスは交戦国の日本、ロシアとそれぞれ同盟関係にあるので、仲介はできません。本来ならばドイツに頼むところなのですが、ヴィルヘルム二世がまったく信用できないとくれば、残るはアメリカです。戦争の仲介をするというのは大国である証です。仲介役はアメリカにとっても望ましい話でした。

明治三十七（一九〇四）年二月四日に開戦が不可避となったときから、伊藤博文は娘婿・末松謙澄《けんちょう》をイギリスに、アメリカにはアメリカ大統領セオドア・ルーズベルトとハーバード大学で同級生だった金子堅太郎を送っています。金子堅太郎がルーズベルトに講和の仲介を打診したところ、ルーズベルトは内諾しました。

日露戦争では元老、政府が役割分担をしながら挙国一致ができています。内閣をとりまとめるのは首相の桂太郎です。軍のほうは陸に大山巌、海には東郷平八郎がいて、軍政は海軍大臣に山本権兵衛、陸軍大臣は寺内正毅、西園寺公望が政友会総裁として議会を押さえる役目で見事なまでに各方面の連携がなされます。

それだけではありません。抜擢人事も行っています。

日露戦争の日本海海戦で手腕を発揮する東郷平八郎が、まさにその抜擢人事の人です。連合艦隊司令長には別の人がなるところでした。それを東郷に換えたのです。明治天皇のなぜ東郷を連合艦隊司令長官にするのかという御下問に、山本権兵衛はひとこと「運のいい男でございます」と答えます。本質を突いた答えです。細かく押さえて、何もかもわかっていながらも、くどくどと理由を説明するのではなく、ひとことで即答する。君臣の厚い信頼関係のなせる技です。

山本権兵衛は臥薪嘗胆の一〇年間、老害軍人を次々と退官に追いやり、ロシアに勝つためだけの人事をやってきていた非情の人でした。

山本権兵衛には帝国陸軍は陸戦隊だという発想がありました。日清戦争のときから、今でいうシーパワー、海洋を支配する力を意味する「海上権」を唱え、その確立に徹底していました。陸戦隊である陸軍を妨害されることなく運ぶために海軍がある、よって本土と朝鮮半島の交通路を切ってはならないと考えていました。このときは、陸海共同ができていました。

日本海海戦――世界の海戦史上最高の完勝

さて、日露戦争も大詰めです。ロシアは陸の奉天会戦で敗れても、海があるとバルチック艦隊に賭けます。

バルチック艦隊はバルト海から、ほぼ〝世界一周〟といえるぐらいの距離をやってきまし

日本海海戦での戦艦三笠の艦橋。中央に東郷平八郎が立つ

た。バルチック艦隊は途中、日英同盟を結んでいたイギリスから嫌がらせを受けます。これが徐々に効いていました。ロシアも地球半周の航路を事故もなくやってきたというのは敵ながら褒めるべきでしょうが。バルチック艦隊のロジェストウェンスキー提督の名は当時の日本の小学生も皆知っているくらい有名でした。

もし、日露戦争の開戦が遅れてバルチック艦隊がアジアにいたなら、日本の勝利は絶対といえるぐらいあり得なかったでしょう。バルチック艦隊がはるか遠くにいるときに先に陸を押さえてから、バルチック艦隊を迎えるという戦略が功を奏しました。

そして、明治三十八（一九〇五）年五月二十七日。日本海海戦を迎えます。

世界史にいまだ、日露戦争の日本海海戦以上の勝利というのはありません。東郷提督の「T字戦法」は世界中の語り草となりました。結果を数字で見ておきましょう。

日本の連合艦隊の被害：水雷艇三隻沈没、死者一一七名、戦傷者五八三名
バルチック艦隊の被害：戦艦六隻を含む一六隻被撃沈、六隻被拿捕、六隻中立国へ逃亡、無事にウラジオストクに到達したのは三隻のみ、死者四三八〇名、捕虜六一〇六名

日本の完勝です。いまだに世界の海戦史で、これほどの完勝はありません。東郷平八郎は世界史最強の提督、名将なのです。

これで、ロシアは和平に応じざるをえなくなりました。

小村寿太郎と明石元二郎の活躍

かくして、日露戦争の講和条約、ポーツマス条約を結ぶときがきました。ほぼ一年半前から布石を打っていたとおり、アメリカルートで和議を進め、高平小五郎駐米公使が日本政府

の訓令によって、アメリカのセオドア・ルーズベルト大統領に講和の仲介を依頼します。

ポーツマス条約によって、日本の朝鮮半島における優越権を認めさせます。つまり、ロシアは三九度線以北へ撤退しました。これで、日本の戦争目的は一〇〇％達成されました。それどころか、南満洲まで獲得し、南樺太までおまけについてきたことを考慮すれば、二〇〇％達成と評せるでしょう。

ポーツマス条約の交渉の席に着いた小村寿太郎外務大臣の外交は日本外交の金字塔です。

もう一人、明石元二郎が日露戦争で果たした役割についても触れねばなりません。

小村寿太郎

日露戦争中、明石は中立国スウェーデンのストックホルムで諜報活動に従事します。語学が得意だった明石はそれをフルに活用し、ヨーロッパ各地でロシアの圧政に不満を持つ民族の革命家などに接触します。反政府勢力に資金援助など行い、ロシアを内部から揺るがすように仕掛けます。そうして会った者のなかにはウラジーミル・レーニンもいたと、後に明石は手記に記しています。

明治三十八（一九〇五）年一月、ロシアの当時の首都

明石元二郎

サンクトペテルブルグで「血の日曜日」と呼ばれるようになる大事件が起こりました。日本軍がバルチック艦隊を撃破することになる約四カ月前のことです。皇宮前でデモをしていた労働者とその家族ら一〇万人に、兵士三万人が発砲し、二〇〇〇人以上の犠牲者が出た事件です。第一次ロシア革命のきっかけとなった出来事でした。これが十月十七日に国会の開設を約束する詔書が出されることにつながっていきます。

さらに、二月にはニコライ二世の叔父でモスクワ総督のセルゲイ大公が爆死する事件も起き、ロシア社会は混乱のなかどんどん帝政に敵対していきました。

日露戦争の後方でロシア国内に革命騒ぎが起きたのは決して偶然ではありません。その裏には明石元二郎の工作があったのです。

そのとき、ヴィルヘルム二世と西太后は……

ポーツマス条約が調印される少し前に、ヴィルヘルム二世はフィンランドのビヨルケでニコライ二世と会談し、日英同盟に対抗すべく互いに結ぼうとしますが、それぞれの国内で断られて批准できません。ロシアからすれば、ドイツがなんとか露仏を切り離そうとする陰謀にしか見えなかったようです。

また、ポーツマス条約が調印されるころ、ヴィルヘルム二世は火事場泥棒でもやろうとしたのか、フランスのモロッコ進出に反対し、自らモロッコに上陸してドイツの勢力を持ち込もうとします。第一次モロッコ危機と呼ばれる事件でした。

ヴィルヘルム二世がもう少し落ち着いて行動していれば、日露戦争の調停ができたはずです。しかし、日本の不審を買い、それもできませんでした。

ヴィルヘルム二世は自らの軽率な陰謀や言動が災いし、世界のなかで孤立していきます。

そのころ、西太后は一応、憲法を制定し立憲君主国をめざそうとして、五人の大臣を欧米、日本に視察させると発表するなどしています。が、時すでに遅しです。

明治三十八（一九〇五）年、明治天皇は御歳五四。糖尿病の悪化により慢性腎炎を併発していました。ご自身は病状に気づいてはいたようですが、なかなかご自分の体調についてはおっしゃらなかったようです。

日清、日露の両戦争に勝った日本は世界史の舞台で新五大国の一角を占めるようになりました。とはいえ、いつロシアが復讐に来ないとも限りません。まだまだ、緊張の解けないときが続きます。

第四章　大国になった日本——そして明治天皇崩御

あくまで日露戦争を望んでおられなかった明治天皇

我が国は、日露戦争に勝利しました。明治天皇は、「大帝」とも呼ばれるようになります。大戦争に勝って大帝国を築いたから、大帝です。

しかし、明治天皇の心身は優れませんでした。戦争を決して望んでいなかったことが大きな理由と思われます。

なぜ明治天皇は、ロシアとの戦争を望まなかったのか。平和を愛する心の持ち主だったから、勝算がなかったから、公家的精神の持ち主だったから、立憲君主としての立場をわきまえていたから。あるいは、それら複数が原因か。歴史家によって評価はわかれるでしょうが。いずれにしても、開戦を望まなかったのは確かです。そして、体調不良が目立つようになりました。

日露戦争後、ロシア帝政はますます袋小路へ

日本の運命も、日露戦争に勝っただけで安泰となったわけではありません。

まだまだ、ロシアの復讐戦を警戒しなければなりません。では、ロシアの事情は、どうだ

ったでしょうか。日露戦争後のロシア国内事情を見ておきましょう。

一九〇五年ポーツマス条約に調印した年、ニコライ二世が国会の開設などを約束した「十月詔書」が発布されます。それでも、十二月にはモスクワでゼネストから暴動が起きるなど、改革を求める動きは収まりません。翌一九〇六年五月六日には、憲法にあたる国家基本法が発布され、五月十日には第一回の国会にあたるドゥーマが開かれました。内相から首相に就任したストルイピンが土地改革を進めます。

一八六一年に皇帝アレクサンドル二世が農奴解放令を出してからも農民の多くは自作農にはなれませんでした。ミールという共同体に分けられた土地が有償で農民に払い下げられるようになったとはいえ、土地を手に入れるだけの支払いができる農民はほとんどいなかったからです。土地を買えなかった農民は農奴であったときと同じようにミールに縛りつけられていました。

ストルイピンはミールをなくし、農民を解放して自作農としてやっていけるようにしようとしました。革命の波を止めるためにはそれが必要だと考えたからです。

その一方で、ストルイピンは革命運動に対して激しく弾圧します。革命運動に携わるテロリストを多く死刑にしたので、絞首台が「ストルイピンのネクタイ」と呼ばれたほどでした。

　彼が行った土地改革は貴族や大地主などの保守層、議会の改革派のどちらからも歓迎されず中途半端なまま終わり、革命運動も抑え込めませんでした。ストルイピンは一九一一年、観劇中に狙撃され落命しています。皇帝ニコライ二世の目の前で起こった事件でした。

　ニコライ二世は公私の両面で困難が続きます。

グリゴリー・ラスプーチン

　一人息子の皇太子アレクセイの血友病をなんとしてでも治してやりたい親心が、怪しげな人物を招き入れてしまいました。「怪僧」と呼ばれるようになる、修道士ラスプーチンです。
　最初にラスプーチンを紹介されたのは、ニコライ二世の皇后アレクサンドラでした。ラスプーチンは皇太子アレクセイの治療にもあたるようになり、あるときアレクセイの発作がやわらいだのをきっかけに次第に皇帝夫妻の信頼を得ていき、皇帝夫妻に与える影響が大きくなっていきました。

それは私的な面にとどまらず、政治にまで及びました。ラスプーチンの影響は皇帝夫妻のみならず、広く宮中にも広がっていきました。

アレクセイの病は良くなったかに見えたときもあったのですが、治りません。

ラスプーチンがロシアの貴族に暗殺されるのは、もう少し先の一九一六年です。ニコライ二世が二月革命で退位を余儀なくされる前年に起きます。

ロシアでは改革も進まず、帝政にも行き詰まり感が一層増していきます。

豚戦争――またも火を噴くバルカン半島

日露戦争以降、またもやバルカン半島が欧州国際政治の争点になっていきます。この時代のバルカン半島は、文字どおり一夜にして敵味方が入れ代わります。

一九〇六年七月、オーストリアとセルビアのあいだで「豚戦争」と呼ばれる関税戦争が起きました。

セルビアは元々ロシアの子分でしたが、ロシアがブルガリアに肩入れして「大ブルガリア帝国」を作ろうとしたので、ロシアと対立するオーストリアに近づきます。セルビアはオーストリアと密約を結び、オーストリアの保護国のようになっていきました。

ところが、一九〇三年にセルビアの親墺派の国王と王妃がともに惨殺される事件が起きると、そこから反オーストリアに転じます。セルビアが軍需品の輸入先をオーストリアからフランスに切り替えたかと思うと、今度はオーストリアがセルビアから輸入していた豚に高関税をかけました。豚はセルビアの主要な輸出品です。当初こそセルビアは危機に立たされたのですが、交易先をオーストリアからドイツに切り替えるなどしたため、結果的にセルビアが経済的自立を果たします。これが「豚戦争」のあらましです。豚戦争は三年続きました。

同じ年の十月、オーストリアの外相に就任したのがエーレンタールという人です。このエーレンタールが二年後「ヨーロッパの火薬庫バルカン」に火をつけることになるのですが、その話はまたのちほど。

ロシアでの国会・ドゥーマの開設がオーストリアの社会運動を大いに勇気づけ、オーストリアでの普通平等選挙法の成立につながっていきました。その結果、一九〇七年にオーストリアで普通選挙による初めての総選挙が行われます。

日本はロシアの復讐を警戒していましたが、もはやロシアは満洲を取り返しに行くどころではなくなっていたのです。

ようやく清朝も「憲法発布」を発表するが……

日本の隣国で、もはや落ちぶれ果てた清でも、改革は進められています。西太后が憲法制定をめざすために、欧米や日本に視察に行かせた一行が帰国します。西太后は報告を受け、「清朝は将来的に憲法を制定することを約束」しました（前掲『西太后』）。伊藤博文らが憲法調査に渡欧した明治十五（一八八二）年から三四年遅れでやっと憲法制定をめざすところまできました。

しかし、このときは憲法を制定するのを「将来的」とするだけで、具体的な目標が掲げられていません。

清朝が欽定憲法大綱を公布し、「九年後に議会を招集する」と発表したのは一九〇八年になってからです。しかし、その直後に西太后が亡くなり、憲法も議会も実現されずに清朝そのものが滅びてしまうのが一九一二年です。

皇孫・昭和天皇の教育を乃木希典に任せる

話を少し急ぎすぎました。少し時間を戻します。

乃木希典

明治三十八（一九〇五）年十月、明治天皇は横浜沖で行われた観艦式に臨幸しました。日露戦争で活躍した連合艦隊の凱旋です。明治天皇は海軍軍服を着用し、お召し艦・浅間に乗船し臨んでいます。

明治天皇がイギリスの最高位であるガーター勲章を授与されたのも、この年でした。

明治三十九（一九〇六）年一月に凱旋した乃木希典を、八月に宮内省御用掛とし、学習院教育に参与させます。明治天皇は乃木にこう伝えました。

> 学習院学生ノ教育ハ　朕ノ夙《つと》ニ軫念《しんねん》スル所ナリ今回特ニ卿ニ命シ同院教育ノ事ニ参與セシム卿能ク此意ヲ体シ実績ヲ挙クルコトヲ勉メヨ学生教育上意見アラハ宮内大臣ト熟議ヲ遂クヘシ
>
> （宮内庁『明治天皇紀』第十一、吉川弘文館、一九七五年）

明治三十九（一九〇六）年四月、明治天皇は日露戦争で奮闘した陸軍の凱旋観兵式に臨幸。

そして、明治四十（一九〇七）年一月三十一日、明治天皇は乃木希典を学習院長に任命し、皇孫の教育を任せます。

日英露仏の「四国協定」――ヴィルヘルム二世の自業自得

一九〇六年、イギリスで新型戦艦ドレッドノートが竣工しました。ドレッドノートはこれまでにない規模の大型戦艦です。

ドイツのヴィルヘルム二世が一八九八年に第一次艦隊法、一九〇〇年に第二次艦隊法を可決し、イギリスと建艦競争を始めていました。イギリスはそれを受けて海軍を増強し、さらに大型戦艦を造るに到ったのです。ちなみに、大型戦艦を「弩級《ど》艦」というのはドレッドノートの最初の「ド」に「弩」を当て、そう呼ぶようにしたからです。

ヴィルヘルム二世は何がしたかったのか、よくわかりません。露仏同盟と結べないなら、日英同盟と結ばなければならないのにそれはやりません。その四国を同時に敵に回していきます。

一九〇七（明治四十）年、日本がロシアの復讐戦に怯えなくて済む事態へと動いていきます。四国協定の成立です。

戦艦ドレッドノート

四カ国が協定を結んだ四国協定が存在するわけではありません。結果として四国協定ができているのです。四国協定に到る経過を確認しておきましょう。

「協商の年」とも呼ばれるこの年に、立てつづけに三つの協商が結ばれます。まず、六月十日には日仏協商、次に七月三十日には日露協商、そして八月三十一日には英露協商が結ばれました。

日仏協商はアジア大陸での日仏両国の勢力範囲を確認します。日仏協商の成立が日露協商の成立に影響を与えました。日露協商では両国間が満洲で揉めていた縄張りを確定します。英露協商ではドイツが中東進出するのを阻止するため、英露両国が支配する地域を決めます。

ドイツはベルリン、イスタンブール、バグダッドを鉄道で結び、中東に進出を図ろうとしていました。「三B政策」です。イスタンブールの旧名がビザンティウムなので、三つの都市の頭文字が〝B〟です。そこから「三B政策」と呼びました。イギリスの掲げる「三C政策」に対抗しています。ちなみに、イギリスの「三C政策」とは南アフリカのケープタウン、エジプトのカイロ、インドのカルカッタの頭文字〝C〟から付けられた名称で、それらを結ぶ地域を英国の支配下におくという政策です。

三つの協商の成立で、日英と露仏が今までの紛争に決着を付けた格好になりました。

新しく成立した三つの協商とこれまでにあった英仏協商と併せると、日、英、仏、露の四カ国が協商でつながります。これが四国協定です。

四国協定の成立で日本だけが安全地帯にいる状況が出現したのです。

四国協定に加えて、すでに結ばれている露仏同盟、日英同盟を地図上に書き入れれば、日本中心の対独包囲網です。

さらに、イタリアは三国同盟から抜け出す気満々で、ドイツは運命共同体のオーストリアだけが味方の孤立した状態です。

思い返せば、日本が振り回されたのも、ヴィルヘルム二世の陰謀からでした。日清戦争で勝って手に入れた遼東半島を清に返せと三国干渉が起きたのも、そこから日露戦争をロシアと戦う羽目になったのも、すべてはカイザー・ヴィルヘルム二世の策動によって起こされたのです。対独包囲網ができあがったのは、自業自得以外の何ものでもありません。

この年、フランツ・ヨーゼフ一世がハンガリー王を戴冠してから四〇周年を迎えました。オーストリアがオーストリア＝ハンガリー二重帝国になってから四〇年の月日が流れたわけです。

ロシアの綺麗事から、ハーグ条約が結ばれる

一九〇七年はいろいろな意味で世界史の転機です。

日露戦争後のロシアは、先に見たように内憂外患です。ロシアには「戦をする金がないときは綺麗事をいいだす」という習性があります。このときは、「国際法を編纂しよう」と提案します。ロシアの提案によって、オランダのハーグで万国平和会議が開かれ、慣習国際法を成典化したハーグ条約が結ばれます。

そうしたときに、大韓帝国の高宗皇帝がハーグに密使を送って何かしようという、いわゆるハーグ密使事件と呼ばれる出来事などは触れる必要もないほどのまったくのマイナーエピ

ソードです。密使の動きを聞き激怒した伊藤博文が、「文句があるなら、この場で宣戦布告したらどうか」と面と向かって恫喝したら、高宗が退位してしまいました。自分の国を自分で守る気概をなくした国の、末路です。

癸丑以来の緊張から解かれて、伊藤と山縣対立す

明治四十（一九〇七）年に実現した、日本だけが安全地帯にいるこの状況で、幕末ペリーが来航したときから始まった、列強に呑み込まれまいとする日本の緊張がなくなります。四国協商でもって「癸丑《きちゅう》以来の緊張」を乗り切ったわけです。ペリーが浦賀に来航した嘉永六（一八五三）年は十干十二支でいうと「癸丑」の年でしたので、当時の人々は「癸丑」といえばペリーの来航を指しました。乗り切っただけでなく、向こう一〇年は何も考えなくてよい状況になりました。そして、本当に何も考えなくなります。

このころから日本のタガが緩みはじめるのを象徴するのが、伊藤博文と山縣有朋の対立です。

明治四十（一九〇七）年一月三十一日、伊藤博文が公式令《こうしきれい》を導入しました。公文書規則です。その趣旨は、総理大臣はあらゆる文書を閲覧でき、軍も特別扱いはしないとしたところ

です。これに対して山縣有朋は「軍令ノ件」を制定しました。陸海軍の機密に関わる事項は総理大臣も含めて他の大臣には見せなくていいとしたのが、軍令ノ件です。

伊藤と山縣にはそれぞれ言い分がありました。

伊藤はこれから戦争のない時代になっていくのだから、イギリスのような国になっていこうと、文民統制に服すような方向に持っていこうとし、それと同時に、これもまたイギリス型の政党制内閣を考えているわけです。そのために伊藤自身、政友会を作ったのですから。

ところが、山縣にしてみればそれ自体がとんでもない考えなのです。その政友会をみれば、「戦争に協力してやるから鉄道を敷け」と条件闘争を仕掛けて来る原敬《はらたかし》が党を掌握しています。そんな軍事がわからない政治家に軍を壟断されてはたまらないと。

伊藤、山縣のどちらも正論です。そして、二人を止める人がいません。二人の激しい角逐が始まり、これが今に到るまでの官僚の縄張り争い、いわゆる官僚セクショナリズムの始まりとなりました。

山縣が桂太郎をとおして官界を全部押さえているのに対して、伊藤は個人的に筆頭元老だというだけです。それ以外に、政治的基盤がありません。あえていうなら、明治天皇の個人的信頼くらいでしょうか。それでも、このころの宮中は山縣系の官僚が幅を利かせています。

伊藤は、朝鮮統監に棚上げされてしまいます。

朝鮮統監としての伊藤は慈善事業のように朝鮮開発を手がけます。鉄道、道路、水道などインフラを拡張整備し、病院を建設し、教育の普及に力を入れ、警察を改革して治安を守り、土地を調査し農業開発を行うなどなど、いったい何の慈善事業ですかといいたくなるくらいです。

そんな伊藤が安重根というテロリストによって狙撃され亡くなるのは二年後の明治四十二（一九〇九）年です。

重体の生母に牛乳を届けた明治天皇

明治四十（一九〇七）年十月五日、明治天皇の生母、中山慶子が亡くなりました。享年七三でした。

中山慶子は生母とはいえ臣下として明治天皇に仕えていたので、明治天皇は生母のもとを自由に訪ねられません。亡くなる前日、慶子が重体だという知らせを受けたとき明治天皇は朝食のテーブルについていました。毎朝、食卓に並べられる牛乳を指して皇后にこうおっしやいました。「一位」とは従一位勲一等の慶子の通称です。

一位は今や飲食咽喉を通ぜずと云ふ、然れど此の物ならば、夫れ或は嚥下することを得んか　（前掲『明治天皇紀』第十一）

そして、見舞いに向かおうとする皇后に、食卓に並べられた三本のうちの牛乳を一瓶手渡しました。皇后は中山慶子邸に着き慶子の部屋に入るが早いか、牛乳を取り出して明治天皇の言葉とともに慶子に渡します。慶子は感激して牛乳を全部飲み干したそうです。

それは『明治天皇紀』に、続けてこのように記されています。

各半合許《ばかり》を盛れる所の牛乳三罇《びん》中の一を取りて之れを皇后に託したまふ、既にして皇后、慶子の第に至り、其の褥室に臨みたまふや、齎《もたら》す所の牛乳を取り、叡旨を伝へて手づから侑《すす》めたまふ、慶子感激、悉く之れを嚥下して復た余瀝《よれき》を剰《あま》さざりきと云ふ（同前）

遠い男系の宮家に内親王を嫁がせた叡慮

現代にもつながる話ですので、ここでお話をしておきましょう。明治天皇の御事績として、多くの宮家を守られたことが挙げられます。成人までご無事だった男子は大正天皇ただ一人でしたが、女子には恵まれました。成長された皇女四人は皆、皇族の方々と結婚されています。それぞれ、竹田宮恒久王、北白川宮成久王、朝香宮鳩彦王《あさかのみややすひこおう》、東久邇宮稔彦王に嫁いでいます。

この四家をはじめとする十一宮家が、敗戦の際に臣籍降下させられました。結果、昭和天皇の弟君である秩父宮・高松宮・三笠宮の三家のみが皇族に留め置かれました。大正天皇直系の男系男子が継ぐ家だけが、皇族として残されたということです。

結果、現在の皇室には、男系男子が今上陛下よりお若い皇族が、皇太子殿下、秋篠宮殿下、悠仁《ひさひと》親王殿下の三人しかおりません。仮にこのまま、継承順位のとおりに悠仁親王殿下がご即位あそばされたとき、宮家は絶えてしまいます。

そこで、十一宮家の方に皇籍復帰していただこうとの意見があります。ただし、ここで留意しなければならないのは、十一宮家は皇室と血が遠いのです。

十一宮家は男系をたどると、つまり父の父の父……をたどると天皇にいきつきます。北朝第三代崇光《すこう》天皇です。在位は一三四八年―五一年、ちょうど観応の擾乱の真っただ中の天皇で、足利尊氏が将軍だった時代の天皇です。明治天皇の娘婿の四親王は全員が伏見宮邦家親王の孫です。邦家親王は崇光天皇の十四世孫です。つまり四親王は十六世孫です。

さらに最も有名な方で例を挙げると、竹田宮恒久親王の息子が恒徳王で十七世、その息子で十八世の恒正王で皇籍離脱。恒正王には男子がいませんが、弟の恒治・恒和氏には男子がいます。十九世にあたる恒和氏はＪＯＣ（日本のオリンピック委員会）会長、その息子で作家の竹田恒泰氏は二十世にあたります。

旧皇族の皇籍復帰が現実化した場合、十九世から二十一世の方々が対象になります。実際に、どの方が復帰されるか個別具体的な話はさておき。旧皇族の皇籍復帰に反対する論者には、この血の遠さを問題にする人もいます。

たしかに、皇族には「五世の孫」の原則があります。皇位を継承していない宮家は、五世の孫までに臣籍降下する原則です。竹田家の例でいうと、恒久親王の次代には恒徳王と格が下がっています。そもそも、皇族の血を引く男子といえども、親王宣下を受けなければ皇族にはなれません。代が下がれば、親王から王、そして臣籍に降下するのが皇室の原則です。

その例外が世襲親王家で、代々の当主が親王宣下を受けていました。伏見宮家もその一つで、いわゆる旧皇族十一宮家も皇室の直系からは遠縁ですが、皇族の地位を受け継いでいました。

仮に皇室の直系が絶えた場合、世襲親王家から皇位を継ぐことで皇統を保守しようとの意図で存在しました。たとえば江戸時代に皇室の直系が絶えたとき、閑院宮家から光格天皇が即位されました。ちなみに光格天皇は東山天皇曾孫、つまり四世です。

ここで明治天皇の時代の話です。結果的に、男子は病弱な大正天皇お一人しか残りませんでした。たまたま大正天皇は四人の男子に恵まれたからよかったようなものの、成人する男の子が生まれなかったら皇統の危機です。そのときに、十六世孫に皇位が移ってよいのか。三十三親等離れた親戚など、感覚的にはほとんど他人です。

これを危惧する宮中側近もいました。伊藤博文は明治三十一年の段階で、血縁の遠い皇族の臣籍降下を意見書にまとめています。佐佐木高行も明治三十五年、内親王と皇族を結婚させ、内親王と結婚した皇族の継承順位を上げるように、徳大寺に建言しています（西川誠『明治天皇の大日本帝国』講談社、二〇一一年、三一一頁）。

以上もろもろの問題を勘案した結果、明治天皇の内親王と、世襲親王家である伏見宮家の皇族との結婚が推し進められました。皇室は男系継承が絶対の原則ですが、女系で補完したわけです。

仮に皇室直系に何かあっても、明治天皇の孫にあたる皇族が皇位を継承する備えができていたのです。仮に何かあった場合、男系では崇光天皇十何世の子孫、女系では明治天皇の孫ということになります。もっとも幸いに傍系継承という事態はなく、大正天皇―昭和天皇―今上天皇、そして皇太子殿下へと皇位は男系男子直系で継承されようとしていますが。

なお、明治天皇は光格天皇の先例を参考にされたでしょう。光格天皇は、先代後桃園天皇の忘れ形見である欣子《よしこ》内親王を中宮に迎えています。これにより光格天皇を継いだ仁孝天皇は、男系では東山天皇の五世かつ女系では後桃園天皇の孫にあたることとなりました。

このように長い皇室の歴史では、しばしば女系により補完することがあります。皇室と何の縁もない男子を連れてきて内親王様と結婚してもらい、その子が皇位を継承してもよいと主張する人もいますが、それは皇室では許されません。

高平・ルート協定でアメリカとの関係も安泰に

明治四十一（一九〇八）年十月十八日、米国大西洋艦隊、グレート・ホワイト・フリート一六隻が横浜港に入港しました。ペリーの黒船に対して、船体が白く塗られていたところから白船と呼ばれました。

フランスなどではこれを、すわ日米開戦必至かと報道しました。しかし、日本では大歓迎をします。といっても、単純に大歓迎するだけではありません。日本は一方で大歓迎しているところを見せながら、もう一方では白船が横浜港に入港した同じ十八日から、海軍大演習を九州沿岸と南西諸島の海上で約一カ月間行っています。歓迎しながらも大演習を行う。これが真の友好の姿です。

アメリカとの関係も友好一色ではありません。明治元（一八六八）年ハワイへの移民から始まった日本移民がアメリカ西海岸でも増え、日本移民排斥などが起こります。日米のあいだに経済、文化摩擦が生じ揉める事態も出てきました。日本移民排斥には、ドイツのヴィルヘルム二世が喧伝した黄禍論も大きく影響していました。

セオドア・ルーズベルト大統領はフィリピンを侵略し、カリブ海を侵略するような海軍大拡張主義者です。日本が日露戦争で得た満洲の権益を、「日本が勝ちすぎた」と警戒します。しかし、軍事的にはリアリストなので「日本と戦争するには、英国海軍とドイツ陸軍が必要だ」というように、自分より強い相手とはケンカしません。日本は日露戦争に勝って、西太平洋から東アジアにかけて最強の国になっていたのです。

そんなルーズベルト大統領と、日露戦争が終わってからも、駐米公使の高平小五郎は友好

高平小五郎

を結びつづけていました。
そして、明治四十一（一九〇八）年、高平・ルート協定がとりまとめられ、アメリカとも揉め事が起きないようになります。日本がアメリカのフィリピン併合を認め、アメリカが南満洲における日本の権益を認め、日本の韓国併合までを事実上認める内容でした。日本に有利かつ友好的な協定となりました。そうした内容の協定を結んだ高平小五郎は有能な外交官です。
司馬遼太郎は『坂の上の雲』で、「高平は語学に堪能《たんのう》で米国通というだけの外交官であり、すぐれた外交官に不可欠の条件である経綸《けいりん》の能力がなかった。外交官というのは、いかに末端の仕事を担当していても即座にでも日本国の首相がつとまるほどの経綸と構想を用意しておかなければならない性格の職務だが、高平は有能な使い走りというタイプの人物であり、ワシントンに駐在していてもとうていルーズヴェルトの相手になれるような男ではない」（『坂の上の雲〈七〉』文春文庫、一九九九年、二三二頁）と評するありさまです。

しかし、高平・ルート協定成立の事実一つをとっても、高平小五郎が司馬史観で描かれるのとはまったく違い、いかに優れた外交官だったかを雄弁に物語っています。

高平小五郎の功績の数々については平野恵一氏の著作『高平小五郎　ロンドンからの暗号電報―T・ルーズヴェルトとの密談』（富英社、二〇〇七年）など、同氏の一連の高平小五郎研究の書籍に詳述されています。

日露戦争後、アメリカは日本の勝ちすぎを喜んでいませんでしたが、かといって戦争をしようとまでは思っていません。大日本帝国が強かったからという理由もありますが、高平の卓越した交渉力も特筆しておくべきでしょう。

バルカン半島は、さらに抜き差しならぬ事態に

一九〇八年、バルカン半島でオーストリアが暴走します。

フランツ・ヨーゼフ一世が在位六〇周年を迎えるこの年に、オーストリアの首相兼外相エーレンタールが、行政権を持っていたボスニア・ヘルツェゴビナを併合してしまうのです。これは現代で喩《たと》えるならば、在日米軍が日本を併合するようなものです。なぜ、わざわざ併合などしたのか。

アロイス・レクサ・フォン・エーレンタール

日露戦争前、ロシアとオーストリアがバルカン半島の問題をめぐり妥協していました。露墺両国が組んで、オスマン・トルコ帝国内のキリスト教徒を保護しようとの協定です。ロシアの思惑は、アジアでの日本との戦争に専念するためです。ロシアの関心が極東に向くのは、オーストリアにも願ったりかなったりです。

ここへきて、オスマン・トルコで青年トルコ党による革命が起き、廃止されていた憲法が復活されるなどの動きがありました。衰えたとはいえ、オスマン・トルコが盛り返しでもすればその影響力は無視できません。なにしろ、ボスニア・ヘルツェゴビナの主権を持っているのはオスマン・トルコなのですから。オーストリアにとっては避けたい事態です。

ドイツがトルコに相当肩入れしていて、トルコの陸軍もドイツ人ばかりでした。オーストリアとドイツの主導権争いという面もあったとみられます。

豚戦争以来、セルビアの拡大志向もオーストリアにとっては牽制の対象です。これまで見てきたように、ハプスブルク帝国は多民族国家としての道を選んだところから、バルカンに関わらざるをえなくなっています。

いずれにせよ、オーストリアはバルカン半島での主導権を握りたかったのです。

オーストリアのボスニア・ヘルツェゴビナ併合で何が起きたかというと、ギリシャがオスマン・トルコにケンカを吹っかけます。紛争は飛び火します。

そして翌年一九〇九年、ブルガリアが、オスマン・トルコから形式的にも独立しました。これを手助けしたのが、オーストリアです。今度は、独立したブルガリア王フェルディナンドが「ツァー」を名乗り、ロシアにケンカを売ります。

バルカン問題で抜き差しならなくなったのが、オーストリアとロシアの角逐です。そしてオーストリアに引きずられるのがドイツです。

一九〇八年十月、またもやドイツのカイザー、ヴィルヘルム二世が事件を起こします。ヴィルヘルム二世が英国訪問をしたときです。英国の新聞『デーリー・テレグラフ』に載ったヴィルヘルム二世の会談内容がイギリスのみならず、本国のドイツでも反発を招いた舌禍事件です。「デーリー・テレグラフ事件」と呼ばれるこの事件で、英独の関係は悪化します。

西太后、光緒帝を暗殺した後に死す

一九〇八年の清では、光緒帝と西太后が前後して相次いで亡くなります。

西太后が自分の七四歳の誕生日を六日間かけて盛大に祝った直後に体調を崩します。それと同時に光緒帝の病状も悪化します。まず光緒帝が亡くなり、その翌日、西太后が亡くなりました。死期を悟った西太后が光緒帝を殺してから死んだといわれていました。

「萬歳」と書かれた扁額の前で西洋婦人と写真に収まる西太后（1903年頃）

　それを裏づけるように、二〇〇八年十一月二日、光緒帝の死因は大量のヒ素によるヒ素中毒であるという、専門家の最新調査結果を中国の新聞社が報道しています。

　西太后は亡くなる直前に光緒帝の甥にあたる溥儀《ふぎ》を皇太子にと命じます。そのとき溥儀は三歳。宣統帝《せんとうてい》、清朝のラスト・エンペラーです。

大帝国になった日本の光と影

明治四十二（一九〇九）年、先に触れたように、伊藤博文がハルピンで暗殺されました。

明治四十三（一九一〇）年五月、大逆事件が起きます。社会主義運動家の幸徳秋水《こうとくしゅうすい》らによる天皇暗殺計画が発覚したのです。日本史上で初めて、皇室を本気で滅ぼそうとする勢力が出てきてしまいました。

首謀者の幸徳秋水は片山潜《せん》らとともに明治三十四（一九〇一）年、日本で初めての社会主義政党である社会民主党を設立しています。

片山潜

最近の研究で片山潜の正体が随分とわかってきています。片山潜はメキシコ共産党、アメリカ共産党を作った超大物であり、ソ連に渡って「コミンテルン幹部会員となり、以後日本国内の運動の実態とは離れたままで、コミンテルンの日本共産党指導に関与し続け」（『朝日日本歴史人物事典』朝日新聞出版、一九九四年）、死に際してはスターリンがその棺を担いだといわれている人物です。

日露戦争に勝ち、決して滅びるはずがない世界の大帝国となりましたが、我が国には不穏な陰謀が忍び寄っています。

皇帝たちの世代が交代していきます。

一九一〇年五月、イギリスではヴィクトリア女王の跡を継いだエドワード七世が亡くなり、皇太子のジョージ五世が即位しました。ドイツのヴィルヘルム二世、ロシアのニコライ二世らと従兄弟のジョージ五世が英国王です。

八月二十二日、日本が朝鮮を併合しました。日本が名実ともに帝国になっていくのです。それは明治の躍進の原動力であった、国民国家の特質が失われていくことでもあるのですが。

明治四十四（一九一一）年から翌年にかけても、世界は波瀾万丈です。

二月、日本では小村寿太郎外相が日米通商航海条約に調印し、関税自主権の回復を実現しました。長年望んで、そのためにあらゆる努力を重ねてきた各国との不平等条約改正を実現したのです。幕末以来の悲願を達成しました。

「南北朝正閏問題」を明治天皇はどう考えていたか

その一方で、日本は南北朝正閏《せいじゅん》問題に揺れます。かつて南北朝時代に皇統が南朝、北朝の二つにわかれたのをどちらが「正」で、どちらが「閏」か。すなわち、正統なのはどちらで、それに付け加わったほうはどちらなのかという問題です。

明治天皇はこの問題に関して、侍従長公爵の徳大寺実則を通じ、

後醍醐天皇より後小松天皇に至る間の皇統は、後醍醐天皇・後村上天皇・後亀山天皇・後小松天皇なることを認定したまへる旨を内閣総理大臣並びに宮内大臣に達せしめたまふ

（宮内庁『明治天皇紀』第十二、吉川弘文館、一九七五年）

つまり、明治天皇は南朝の後醍醐天皇・後村上天皇・後亀山天皇・後小松天皇を正統であると述べられたのです。

宮内大臣が北朝の天皇に対する宮中の取り扱い方を明治天皇に尋ねたところ、

光厳・光明・崇光・後光厳・後円融の各天皇に対しては尊崇の思召により尊号・御陵・御祭典等総て従来の儘たるべき旨を命じたまふ　（同前）

北朝の歴代天皇に対して心から敬われる気持ちから、尊号や御陵、そして御祭典などもこれまでしてきたとおりにするようにとお命じになりました。

あくまで「正閏」の問題であって、どちらかが偽物であるという「正偽」の問題ではありません。しかし、これまで皇統を実際に嗣いできた北朝が正統ではないとなった大事件だったのです。

だから、幸徳裁判と南北朝正閏問題は暗い影を落としました。

大逆事件で捕まった幸徳秋水が法廷で「今の天皇は南朝から三種の神器を奪った北朝の子孫ではないか」などといってのけました。また、山縣有朋ら元勲は幕末の志士として活動したとき、心のバイブルとしたのは『太平記』です。いうまでもなく、『太平記』は南朝正統論で書かれた軍記物語です。幸徳秋水は、北朝の子孫である明治天皇の正義を問うたのです。だまし討ちで三種の神器を奪った北朝の子孫が、南朝の正義を信じた元勲たちに支えられている、明治天皇の矛盾を。

徳大寺実則

実は、南北朝正閏問題で明治天皇がどう考えていたか、よくわかりません。『明治天皇紀』のような公式記録は政府の決定を追認していますし、天皇の本音が逆だったとしても記すわけにはいかないからです。

それはさておき、天皇の体調不良は目立つようになりました。体調不良の天皇を慮り、御召列車が一時間遅れるということもありました。原因は明らかで、天皇が前と変わらず職務に精励するからです。側近たちも諫言できません。

徳大寺も「自分は養生せよとはいえない」と漏らすだけでした。

第二次モロッコ危機、辛亥革命

一九一一年七月、ドイツの軍艦がモロッコに寄港し、モロッコの支配を強めるフランスに対抗します。第二次モロッコ危機です。翌年、ドイツを警戒したフランスがモロッコを保護化するのにつながりました。ヴィルヘルム二世は敵を作るのにかけては呆《あき》れるほどの天才です。

十月、清では各地で反乱が起き、辛亥革命が起こります。そして十二月、光緒帝の皇后隆裕が五歳の幼い宣統帝を退位させると宣言し、清朝の悲惨な滅びが秒読みに入りました。明治四十五（一九一二）年、チャイナ大陸では清国が滅び、元旦に中華民国の臨時政府が成立します。孫文《そんぶん》が臨時大統領に就任します。

孫文は台湾に移った中華民国からも、現在の中華人民共和国からも国父と呼ばれている人です。日本人も支援しました。しかし、孫文は最後に日本を裏切りソ連につきます。東洋史家の宮脇淳子先生は、『教科書で教えたい真実の中国近現代史』（柏艪社、二〇一六年）で「コミンテルンが中国に入り込むことができたのも孫文のおかげ」と指摘し、『大ボラ吹き』の孫文が、中国の歴史で大きく扱われるのは仕方がないにしても、日本の歴史で偉人のように扱われるのは、誤った歴史認識ではないでしょうか。」と警鐘を鳴らしています。このあたりの情勢の詳細は宮脇先生が同書の第六章に「孫文にまつわる真実と嘘——辛亥革命から国共合作へ」と題し、一章かけて説明してくれていますので、ぜひそちらをご覧ください。

ちなみに一九一三年に、清国を倒して成立した中華民国が日本をはじめとする一三カ国に承認され、漢人の袁世凱が大統領に就任します。袁世凱は李鴻章の子分で、清朝の最後の皇帝宣統帝に優遇条件を示し、禅譲させた人物です。

明治四十五(一九一二)年七月三十日、明治天皇崩御

アジアとヨーロッパで同時にいろいろと起きているときに、日本は幸せに平和ボケを謳歌していました。しかし、国としては繁栄していますが、大きな不幸が押し寄せます。

明治四十五（一九一二）年七月十九日夜、明治天皇が夕食中に倒れます。翌二十日、病状が発表されました。

その日から乃木希典は毎日、日に三度宮中に参内しては侍医から明治天皇の容体を聞きます。参内する途中、雨の日も一日も欠かすことなく、朝夕、靖国神社に参っては明治天皇のご回復を祈願します。

乃木が明治天皇の最期に拝謁を許されたのは、侍従長である徳大寺実則の「このことを一刻も早く乃木にのみは知らせよ」（岡田幹彦『乃木希典』展転社、二〇〇一年）という指示がなされたからだといいます。

七月三十日、明治天皇が崩御されました。宝算六一歳でした。

明治天皇の大喪の礼（伏見桃山御陵、1912年）

九月十三日に、大喪の礼が執り行われます。同日、出棺と同時刻に乃木希典と静子夫人がともに自刃し殉死を遂げました。乃木希典、享年六四。静子、享年五四でした。

乃木夫妻は希典が奉悼、辞世の和歌を一首ずつ、静子が奉悼の和歌を一首、それぞれに残しました。

希典の奉悼の歌に曰く

神あかりあかりましぬる大君の
みあとはるかにをろかみまつる

辞世に曰く、

うつし世を神さりましゝ大君の
　みあとしたひて我はゆくなり

静子の奉悼の歌に曰く、

出てまして帰ります日のなしときく
　けふの御幸に逢ふそかなしき

（前掲『明治天皇紀』第十二）

一つの時代が終わりを告げました。

終章　理想の立憲君主――明治大帝と他の皇帝を分けたもの

「桃太郎の鬼退治」に喩えられる二つのバルカン戦争

明治という時代が終わっても、時間は流れます。

「長い十九世紀」という同時代を生きた六人の皇帝のうち、一九一三年の段階で生きているのは三人です。年長のほうから、オーストリア＝ハンガリー二重帝国のフランツ・ヨーゼフ一世、ドイツ帝国のヴィルヘルム二世、そしてロシア帝国のニコライ二世です。

一九一三年、ドイツでは五四歳になったヴィルヘルム二世が、皇帝在位二五周年を迎えます。ロシアでは、ロマノフ朝三〇〇年の年です。それぞれの祝賀行事が行われるかたわらで、火薬庫バルカンで火の手が上がります。

バルカン半島では一九一二年十月に第一次バルカン戦争が勃発し、一九一三年五月まで続いていました。ブルガリア、セルビア、モンテネグロ、ギリシャが結成したバルカン同盟がオスマン・トルコに戦いを挑み、バルカン側が勝利します。そして一九一三年六月、第二次バルカン戦争が起きます。第一次バルカン戦争でトルコに勝ったバルカン同盟が今度は敵味方にわかれて戦います。

私はよく、二つのバルカン戦争を「桃太郎の鬼退治」に喩えます。第一次バルカン戦争は桃太郎ことブルガリアが、三匹のお供・セルビア、モンテネグロ、ギリシャを引き連れ、トルコという鬼を退治しに行きました。しかし、鬼ヶ島には思ったほどの宝がなかったのでお供の三匹は不満です。第二次バルカン戦争は、お供の三匹が今度は鬼と結託して、桃太郎をやっつけるという話です。つまり、セルビア、モンテネグロ、ギリシャが敵だったはずのトルコと組んで、仲間だったブルガリアにケンカを吹っかけたのです。

フランツ・ヨーゼフ一世にトドメを刺したサラエボ事件

一九一四年六月二十八日、セルビアの首都サラエボを訪問していた、オーストリアの皇位継承者フランツ・フェルディナント夫妻がセルビア人に殺害されます。サラエボ事件です。フランツ・ヨーゼフ一世がセルビアの不穏な空気を感じて、フランツ・フェルディナント夫妻にサラエボ訪問を思いとどまらせようとしましたが、無駄に終わりました。

皇位継承者であった甥夫妻の死は、八四歳の皇帝フランツ・ヨーゼフ一世の最晩年に降りかかった災厄です。次々と肉親が非業の最期を遂げた皇帝に、トドメを刺しました。

サラエボ事件を受けて、七月、オーストリアはセルビアに宣戦布告します。ここから始まった戦争がヨーロッパのみならず、新大国のアメリカ、日本までを巻き込みます。当初、短

フランツ・ヨーゼフ1世（1905年頃）

期間で終わると思われていた戦いは長引き、規模を拡大し、いつしか第一次世界大戦と呼ばれる戦争になってしまうのです。

第一次世界大戦勃発翌年の一九一五年、フランツ・ヨーゼフ一世は最後の力を出しきるかのように、皇帝として国民激励の文書を出します。

大戦中の一九一六年十一月二十一日、フランツ・ヨーゼフ一世が崩御します。最後の最後まで、仕事を気にしていました。亡くなる前の晩、フランツ・ヨーゼフ一世はそばの従者に「明朝午前三時半に」と伝えます（前掲『フランツ・ヨーゼフ』）。それが最期の言葉でした。

一九一八年、ウィーンで民衆が蜂起して後継皇帝のカール一世に退位を求め、ハプスブルク帝国は幕を下ろしました。

ロシア革命が勃発し、ニコライ二世一家は惨殺される

ニコライ2世と家族（1914年頃）。ロシア革命後、全員が惨殺された

ロシアでは一九一三年にロマノフ朝三〇〇年の記念祭が行われながら、大戦中の一九一七年には二月革命が起こります。革命によって帝政が廃止され、ニコライ二世は退位させられた挙げ句、家族全員と幾人かの従者とともに監禁されてしまいます。このとき、ロシアの外務大臣がニコライ二世の従兄弟であるイギリス国王ジョージ五世を頼りニコライ一家の救出を求めますが、失敗に終わりました。ニコライ一家はシベリアのトボリスクに送られます。

さらに翌一九一八年エカテリンブルクに移され、七月十七日ニコライ一家は従者や飼い犬ともども全員が惨殺されました。ボリシェヴィキによる、突然の処刑でした。ボリシェヴィキはレーニンが指導するロシア社会民主労働党の過激派であり、のちのソビエト連邦共産党の前身です。

ヴィルヘルム二世、第一次大戦に敗北し、亡命す

一九一八年、ドイツ帝国では第一次世界大戦での敗戦が濃厚になったときも、ヴィルヘルム二世は退位を渋ったまま、オランダに亡命します。従者七〇人を伴う亡命でした（前掲『世界で最も力のある玉座』に君臨した〝裸の王様〟」）。大戦末期の同年十一月、ドイツのキール軍港でドイツ水兵たちが蜂起したのが引き金となってドイツ革命が起きると、カイザーはしかたなくドイツ皇帝位とプロイセン王位の両方から退かざるをえませんでした。

亡命後のヴィルヘルム2世と、再婚した妻（1933年）

カイザーは第一次大戦後も亡命先のオランダで一九四一年六月四日に死去するまで怠惰な晩年を送り、見苦しく生き残っていました。

日本の名外交官石井菊次郎は「独逸廃帝ウィルヘルム二世」（石井菊次郎『外交随想』の

復刻版、呉PASS出版、二〇一六年）の書き出しに、

余の外交官生活中独逸のカイゼル・ウィルヘルム二世ぐらい嫌な人はなかった。

と記し、最後にヴィルヘルム二世の晩年に触れ、いったい何を考えて、お前は再婚しているのだ。人並みの幸せを得る資格があるのか。お前のせいで何人の人間が不幸になったと思っているのだと、怒りを露わにしています。

六人の皇帝のうち、親政を行ったものは滅びた

明治天皇崩御後の世界に存命していた露墺独の三人の皇帝は皆、第一次世界大戦を境にその帝国とともに滅びたわけです。ヴィルヘルム二世は最晩年、ヒトラーを歓迎するなどして、さらに生き恥をさらします。清朝に至ってはすでに滅びていましたから、残ったのは大日本帝国と大英帝国だけです。

こうして、「長い十九世紀」は終わります。ウィーン体制では、英仏露墺独が五大国でしたが、露墺独の三国が退場しました。代わりに新興国の日本とアメリカ、そして世界を共産

主義の地獄に陥れるソ連が大国として登場します。

六人の皇帝たちの「長い十九世紀」を締めくくるにあたり、なぜ日本とイギリスだけが生き残ったのかを考えたいと思います。

フランツ・ヨーゼフ一世、ニコライ二世、ヴィルヘルム二世は、親政を行いました。つまり、責任が君主に跳ね返ってくるのです。それに対し、ヴィクトリア女王と明治天皇は立憲君主に徹しました。

日本は幕末、西洋列強に「文明」を押しつけられ、必死に文明国たらんと努力しました。特に、大英帝国を模範とし、西洋以上の文明国になりました。

ロシアは文明国の資格が怪しく、清は論外

では、文明国とは何でしょうか。

「人を殺してはならない」という建前が通じる国です。実際はともかく、少なくとも建前が成立していることが重要です。

この意味でロシアは、文明国の資格が非常に怪しい国でした。日露戦争中、将軍が貴族の将官を平気で射殺したというエピソードが残っていますが、これなど「特権階級だけが人間

である」という価値観が支配していたということです。貴族相手でこれですから、平民など人間ではないのです。

しかし、帝政ロシアを滅ぼし、ニコライ二世一家を犬まで含めて惨殺した、ウラジーミル・レーニンのソ連はどうか。ソ連が掲げた共産主義の本音は、「世界中の政府を暴力で転覆し、世界中の金持ちを皆殺しにすれば、全人類が幸せになれる」という、幼稚で狂った妄想です。実際、共産主義は全世界を不幸にしました。帝政ロシアの転覆は、さらなる不幸を拡大しました。

「人を殺してはならない」という建前が通じるかどうか、清朝は論外でしょう。それどころか、今の中華人民共和国ですら、きわめて怪しい。習近平と西太后、どこがどう違うのか。

一方、ヴィルヘルム二世やフランツ・ヨーゼフ一世の統治下のドイツ人は、文明人でした。

本書でも触れたとおり、伊藤博文は憲法調査でヨーロッパを訪れています。そのとき、あるドイツ人は、伊藤がかつて人を殺したことがあると知り、戦慄しています。伊藤は幕末動乱を切り抜けた志士です。裏を返せば、殺人放火に手を染めたテロリストです。

親政を行いながら、心性が官僚のままだった皇帝たち

この価値観の相違、現代日本人は当たり前と思うでしょうが、「人を殺してはならない」という価値観は人類のなかで多数派でも何でもなかったのです。日本のような〝ノンキ〟な国でさえも、幕末維新の動乱を潜り抜けているのですから。

伊藤は、ドイツやオーストリアで、彼らのようなヨーロッパに追いつき追い越さんと必死に学び、努力しました。結果、大日本帝国は残り、ドイツもオーストリアも滅びました。

ヴィルヘルム二世やフランツ・ヨーゼフ一世が「無能な働き者」だったからだ、といえば酷な評価でしょうか。フランツ・ヨーゼフ一世統治下のオーストリアでも、ビスマルク罷免後のドイツでも、無能な官僚主義が幅を利かせました。

官僚は決められた目的に対して、合理性を発揮するのに優れています。同時に、目的そのものの合理性を判断する能力が欠如しています。合理的な目的を設定するのは官僚ではなく、政治家の仕事です。いってしまえば、官僚は人に使われるのが仕事であって、官僚を使うのは政治家の仕事です。

ヴィルヘルム二世やフランツ・ヨーゼフ一世は、親政を行うという最高の政治家の地位に

ありながら、心性が官僚のままだったのです。

なぜ、日本とイギリスだけが生き残ったのか

国が生き残るための仕組みが憲法である。これこそがイギリス憲法の仕組みです。

イギリスは数百年かけて、戦争に勝ち、国を富ませる仕組みとしての憲法を、育ててきました。総理大臣が議会で戦争目的を演説し、国民の支持を獲得して増税を実現する、予算として軍隊に配分し、戦闘に勝利してきたら外交交渉で有利な和平を結ぶ。そして獲得した富を国民に配分するので、国民の政府への支持は高まる。このサイクルがイギリス憲法です。

イギリス立憲政治は、ヴィクトリア朝において二大政党制として結実しました。

植民地獲得に積極的な保守党と、経済的利益を重視する自由党が、国民による総選挙に従って交互に政権を担当する。しかし、いずれも国益を守る政治家に指導されている。今でもイギリスは「民主制の母国」と誇ります。

では、民主主義のメリットとは何でしょうか。

政府の批判をしても殺されないことです。野党になっても殺されないこと、と言い換えてもいいかもしれません。

日本においてさえ、蘇我物部や源平合戦の昔から、権力を手放すと落ち武者狩りが始まります。もっとも、落ち武者で済むともいえますが。中華帝国の「九族皆殺し」のような親類縁者関係者皆殺しのような文化はありませんので、はるかにマシとはいえます。

ハプスブルク帝国ではテロが盛んで、フランツ・ヨーゼフは常に悩まされました。敗戦で国そのものが解体し、あとは阿鼻叫喚の地獄でした。

同じくドイツも第一次大戦後、ワイマール共和国では右翼と左翼が街中で武器を持って殺し合い、警察は手をこまねいてみているだけという無法地帯になりました。

ソ連に乗っ取られたロシアでは一党独裁体制（ファシズム）の下、反対党はすべて粛清されました。

しかし、共産党、あるいは後のナチスドイツのようなファシズム体制はついに日本に成立しませんでした。明らかに文化が異質だからです。

思えば、幕末の志士たちもイギリス流の立憲政治に憧れていました。

王政復古の大号令、五箇条の御誓文、立憲政体樹立の詔、明治十四年の勅諭、伊藤博文の憲法調査、そして帝国憲法。決して一直線ではありませんが、驚くべき速さで日本は立憲政治の実をあげていきます。そして日清日露の大戦争を勝ち抜きながら、二大政党制への道を歩みます。

伊藤博文が立憲政友会を創設。桂太郎も新党結成を模索します。

「彼らは、玉座を以て胸壁となし、詔勅を以て弾丸に代え……」

ここで明治四十五（一九一二）年七月三十日に、時計の針を戻しましょう。明治大帝が崩御した日です。元号は即日「大正」と改元されます。時の西園寺公望内閣は、滞りなく代替わりの事務を進めます。

その陰で八月十三日、徳大寺実則は内大臣兼侍従長を辞しました。大帝の在位中は許されなかった辞意が、ようやく認められました。

後任は桂太郎前首相です。

桂は山縣有朋の一の子分として長州閥を継ぎ、立憲政友会を率いる原敬との協調により歴代最長の政権を維持しています。一九〇一（明治三十四）年からの一二年間は、官僚機構を率いる桂と政友会総裁の西園寺の二人だけが総理大臣候補という安定した時代でした。桂園時代です。これを西園寺は「情意投合」と表現しました。腹に一物を抱えた者どうしが手を組むことによる安定、という意味です。桂は二度の首相在任中、日英同盟・日露戦争・日韓併合・条約改正と、華々しい業績をあげました。

しかし、桂は政友会との協調に限界を感じていました。そこで、新党結成を模索します。それは、政党嫌いの山縣有朋の意向に反することでしたが、桂の決意は本物でした。それを察知した山縣が、代替わりの際に桂を宮中に押し込んだのです。

そして改元早々、山縣と西園寺内閣が陸軍予算拡張問題をめぐり激突します。山縣傘下の陸軍が二個師団増設を求めて陸軍大臣を引き揚げると、西園寺内閣は総辞職で応じます。激昂する世論の前に総理大臣を引き受ける者はおらず、消去法で桂の返り咲きとなりました。

この時点で山縣と桂の関係は微妙だったのですが、世論は山縣が西園寺内閣を潰し、自分の子分を引きずり出したとみなしました。

桂は事あるごとに優諚《ゆうじょう》を引き出し、政局を乗り切ろうとします。優諚とは天皇陛下の命令です。直前まで宮中で側近を務めていた桂首相が依頼してくるたびに、大正天皇は優諚を出します。

これが世間の反発を招きます。

議会で尾崎行雄が桂を弾劾しました。

彼等は常に口を開けば直《ただち》に忠愛を唱へ、恰《あたか》も忠君愛国は自分の一手専売の如く唱へてありまするが、其《その》為すところを見れば、常に玉座の蔭に隠れて、政敵を狙撃するが如き挙動を執って居るのである、（拍手起る）彼等は玉座を以て胸壁となし、詔勅を以て弾丸に代へて政敵を倒さんとするものではないか。

（帝国議会会議録、衆院本会議、大正二年二月五日）

憲政擁護演説です。世論は沸騰し、毎日一万人もの人々が歌舞伎座に押し寄せるような倒閣運動に、桂はわずか五〇日で退陣しました（大正政変）。第一次憲政擁護運動（護憲運動）と呼ばれます。

ここから、わずか一五年の大正時代を通じて、立憲政治を求める民衆のうねりは広がり、大正十三年の第二次護憲運動によって「憲政の常道」が成立します。その物語は別になるので、筆をとどめておきましょう。

立憲君主に求められる理想を体現した帝と、その影法師

ただ、ここで一つだけ述べておきたいと思います。大正政変において、政務に慣れない大

晩年の明治天皇（1912年）

正天皇は、桂に請われるままに優諚を乱発しました。桂も政権維持のために天皇の権威を利用しました。その結果、明らかに大正天皇の権威は傷つきました。

仮に明治天皇だったら傀儡の如く優諚を乱発することはなかったでしょう。政府の要請に対しても、何らかの発言――それが警告か激励か相談を受ける権利かのいずれの行使かはともかく――によって政府に再考を促したでしょう。それが立憲君主の求められる姿だったからです。

ちなみに桂の後任は、内大臣が伏見宮貞愛親王《ふしみのみやさだなる》、侍従長が鷹司熙通《たかつかさひろみち》です。二人とも桂のような実力首相の暴走を止めることはできませんでした。

あの人は何のためにそこにいるのだろう？　そう思われながら、いつもそこにいる人がいます。そして、いなくなって初めて、その価値に気づかれる人がいます。

明治天皇はそこにいるだけで、人々は威厳を感じました。天皇が政治に容喙することはありません。ただ、政府に己の考えを伝え、再考を促すだけです。

明治の四五年間を通じ、天皇の権威が傷ついたことは一度もありませんでした。その判断を間違えなかったからです。

大帝の側には、その影法師のように徳大寺実則がいました。常に控えめで、私利私欲がなく、自己主張することはない人物でした。

だから徳大寺が現れたとき、いかなる政府の要人も大帝の大御心を知ったのです。

徳大寺は宮中を辞してからは、何の官職にも就かず、余生を過ごしました。そして大正八（一九一九）年六月四日、七九歳の徳大寺は病に倒れ、一二歳年下の主君を追います。

この年はベルサイユ会議で、大日本帝国が名実ともに世界の大帝国と認められた年でした。

あとがき――なぜ近代日本に天皇が必要なのか

近代日本は悪意に囲まれていた。

そこから幕末動乱と維新の変革をやり抜いた。富国強兵、殖産興業。日本人は爪に火を点《とも》すような暮らしをして経済力を蓄え、軍備を整えた。帝国憲法を制定し、議会を開き、外国に対し文明国であると胸を張った。そして、日清、日露の大戦争を勝ち抜いて、不平等条約を撤廃させた。

一九一九年、第一次大戦の勝利で、大日本帝国は世界に冠たる大帝国となった。我が国の元号では、大正八年となっていた。

ところが、そこから坂道を下るかの如く、転落していく。

大戦後の慢性的不況、失われる尚武《しょうぶ》の気風。いつのまにか日本は正論が通らない国となっていく。世界中を敵に回した満洲事変、泥沼にはまり込んだ支那事変、そして破滅へと至った大東亜戦争。明治大帝が築いた大日本帝国は、あっというまに地球の地図から消されてしまった。

ただ、本当の亡国の危機は免れ、日本という国は残った。

昭和天皇のおかげである。


昭和の最初の二二年だけで、実に九度の政変が起こった。そのたびに昭和天皇は新首相に、「明治大帝の遺訓である憲法を尊重すること、財界の安定を図ること、外交で無理をしないこと」とのご意向を伝えたという。ところが、結果的に守られることはなく、大日本帝国は破滅へと向かう。

その心中や、いかばかりか。

仮に、「天皇親政」を行えば、どうなっただろうか。天皇独裁により大日本帝国は残っただろうか。それとも、東欧諸国のように亡国の道を歩んだだろうか。独裁を行った東欧の王室は、すべて廃絶させられている。一方で昭和天皇は、同時期の東欧諸国が次々と国王独裁に傾斜するのを見習わず、「立憲君主」に徹した。

昭和天皇は立憲君主に残された三つの権利、警告権・激励権・被諮問権を行使し続けた。

最も有名なのは、昭和十六年九月六日の御前会議だろう。政府と大本営の首脳が対米英開戦を主張するなか、昭和天皇は「明治天皇の御製である」とあえて前置きしてから二度詠じた。

四方の海　みな同胞《はらから》と思う世に　など波風の　立ち騒ぐらむ

昭和帝の平和愛好精神は、その場の全員が理解した。首相の近衛文麿も陸相の東条英機もその程度の頭はある。しかし、決定は何も変わらなかった。

いよいよ亡国前夜の昭和二十年。無能な臣下が先祖伝来の祖国を滅ぼそうとする直前、昭和天皇は救国の大業を、最も信頼する七七歳の老臣に託した。鈴木貫太郎枢密院議長である。

高齢を理由に拝辞しようとする鈴木に対し、天皇が告げる。

頼む、鈴木！

これはもはや、警告でも激励でも相談を受ける権利でも何でもない。人間昭和天皇、心の叫びであろう。憲法がある限り天皇は独裁者にはなりえないが、傀儡でもない。

そして鈴木は首相として、日本を終戦に導く。最後の御前会議は、三対三の同数となった。本来ならば鈴木が首相として決断し責任を負わなければならない。だが、鈴木はご聖断を仰いだ。

この瞬間、「大政奉還」が起こった。

帝国憲法の二大原則は、「天皇に統治権がある」「しかし、自らその統治権を行使してはならない」である。だが、それは平時の規定である。国が滅びそうなときには、天皇は自ら封印した統治権を行使してでも、国を守る義務がある。

昭和天皇は帝国憲法の規定に従い、ご聖断を下した。そして、亡国は免れた。明治天皇の帝国憲法はギリギリのところで亡国から日本を救ったのだった。


翌年元旦、「人間宣言」と間違って伝わる文書が公表された。昭和天皇は「神話によるものだけではない」と国民との絆を強調し、「明治天皇のお定めになられた五箇条の御誓文の精神にのっとって日本を再建しよう」と呼びかけられた。

そして、全国を巡幸し、国民を励ました。まるで維新当初の明治天皇のように。

平成二十三年。東日本大震災の最中、今上天皇陛下は「ビデオメッセージ」で国民を励ましてくれた。激励権の行使である。当時、心無い人々は「天皇は逃げた」と流言飛語を流していたが、現実の陛下は「自分は国民を見捨てて逃げはしない」と示された。

平成二十八年。今上天皇陛下は「今後の皇室の在り方を考えてほしい」と、国民に直接呼びかけられた。おそらく、大半の国民は何をいっているかわからなかっただろう。しかし、大半の国民は「陛下のおっしゃることだから間違いないだろう」と信じた。

そして平成三十一年、二〇〇年ぶりの譲位が実現する。

敗戦以来七十有余年。皇室と国民の絆は切れていない。いろいろと問題はあるが、日本は健在である。

なぜ、日本に天皇が必要なのか。日本が日本であるためだ。天皇がいなければ、その国は日本を名乗っていても、日本ではない。日本とは皇室と国民の絆のことなのだから。

明治一五〇年。我々は歴史に学ぶべきだろう。

日本人に生まれてよかった。そんな日本を守り続けるために。

本書では、倉山工房の雨宮美佐さんにお世話になった。おかげで、色々な意味で優しい、そして格調高い本になった。

また、ＰＨＰ研究所の川上達史さんにも助けられた。ＰＨＰ新書で名著を次々と送り出す川上さんの列に加えていただくのは、著者として名誉である。

お二人に多大な感謝をして筆をおきたい。

PHP新書
PHP INTERFACE
https://www.php.co.jp/

倉山　満［くらやま・みつる］

1973年、香川県生まれ。憲政史研究家。1996年、中央大学文学部史学科を卒業。2004年、同大学大学院文学研究科日本史学専攻博士後期課程単位取得満期退学。在学中より国士舘大学日本政教研究所非常勤研究員を務める（2015年まで）。2012年、コンテンツ配信サービス「倉山塾」を開講、翌年には「チャンネルくらら」を開局し、大日本帝国憲法や近現代史、政治外交について積極的に言論活動を展開している。近著に『国際法で読み解く世界史の真実』『国際法で読み解く戦後史の真実』（以上、PHP研究所）、『日本史上最高の英雄　大久保利通』（徳間書店）、『嘘だらけの日独近現代史』（扶桑社）など多数。

明治天皇の世界史
六人の皇帝たちの十九世紀
（PHP新書 1160）

二〇一八年十月二十九日　第一版第一刷

著者――倉山　満
発行者――後藤淳一
発行所――株式会社PHP研究所
東京本部――〒135-8137 江東区豊洲5-6-52
第一制作部PHP新書課 ☎03-3520-9615（編集）
普及部 ☎03-3520-9630（販売）
京都本部――〒601-8411 京都市南区西九条北ノ内町11
組版――有限会社メディアネット
装幀者――芦澤泰偉＋児崎雅淑
印刷所
製本所――図書印刷株式会社

©Kurayama Mitsuru 2018 Printed in Japan

ISBN978-4-569-84157-1

※本書の無断複製（コピー・スキャン・デジタル化等）は著作権法で認められた場合を除き、禁じられています。また、本書を代行業者等に依頼してスキャンやデジタル化することは、いかなる場合でも認められておりません。
※落丁・乱丁本の場合は、弊社制作管理部（☎03-3520-9626）へご連絡ください。送料は弊社負担にて、お取り替えいたします。

ＰＨＰ新書刊行にあたって

「繁栄を通じて平和と幸福を」（PEACE and HAPPINESS through PROSPERITY）の願いのもと、ＰＨＰ研究所が創設されて今年で五十周年を迎えます。その歩みは、日本人が先の戦争を乗り越え、並々ならぬ努力を続けて、今日の繁栄を築き上げてきた軌跡に重なります。

しかし、平和で豊かな生活を手にした現在、多くの日本人は、自分が何のために生きているのか、どのように生きていきたいのかを、見失いつつあるように思われます。そして、その間にも、日本国内や世界のみならず地球規模での大きな変化が日々生起し、解決すべき問題となって私たちのもとに押し寄せてきます。

このような時代に人生の確かな価値を見出し、生きる喜びに満ちあふれた社会を実現するために、いま何が求められているのでしょうか。それは、先達が培ってきた知恵を紡ぎ直すこと、その上で自分たち一人一人がおかれた現実と進むべき未来について丹念に考えていくこと以外にはありません。

その営みは、単なる知識に終わらない深い思索へ、そしてよく生きるための哲学への旅でもあります。弊所が創設五十周年を迎えましたのを機に、ＰＨＰ新書を創刊し、この新たな旅を読者と共に歩んでいきたいと思っています。多くの読者の共感と支援を心よりお願いいたします。

一九九六年十月

ＰＨＰ研究所